U0005023

18！法客

18 歲在法國找到自己
謝謝你的堅持！虎媽

王馨平——著

晨星出版

教育就像紡織，用各類材料一針一線編織出獨一無二的生命養分

——大東紡織董事長　陳修忠

知道馨平這個孩子，是因為她的母親——台中市交響樂團張淑儀團長。張團長是一個十分充滿熱情的人，無論待人或是接物，往往在言談間可以感受到她滿滿的活力與衝勁，以及她對音樂的堅持和信仰。

２０１６年樂團推廣音樂之星計畫，為青年音樂家尋找展演平台，募資舉辦音樂會，我有幸能躬逢其盛，為音樂教育推廣略盡綿薄心意。看到張團長提供的音樂會方案，演奏家名單上「王馨平」三個字，心中想到的不是樂團公器私用，畢竟通過評鑑所需具備的經歷不容造假，浮現腦海的反而是常從張團長口中聽到的那個「很有個性、很有想法、拉琴拉到高中都還心不甘情不願」的小女孩。曾

經對練琴這件事這麼反感的孩子，都有能力舉辦獨奏會了，我很好奇是什麼改變了她。

此時我對於馨平的認識，還僅止於她是誤入音樂班的小白兔，因張團長的堅持，奇蹟似地考上頂尖大學，參加扶輪社交換計畫出國一年後歸來，完成學業。除了同為扶輪家族（台北西區扶輪社），對於馨平參加扶輪交換學生（ＹＥＰ）多了一點親切以外，所有對她的了解僅如同上面所述，非常粗淺且表面。聽了她的琴聲之後，感覺到她對音樂化被動為主動的喜愛，再進一步與她分享留學經歷，更堅信教育是百年計畫，需要從基礎紮根。因此當她說要出一本書跟大家聊聊她的十八歲時，我非常鼓勵且支持。

在紡織上有一種複合材料，它是由兩種或兩種以上的材料組成，所形成的新材料會具有與原本材料不同的獨特性質，成為一個新的個體，具備獨立功能。與教育有點異曲同工。馨平依然是那個思維跳脫、古靈精怪的孩子，但在字裡行間我們不難發現從小母親對她的影響，無論是循循善誘或是威逼脅迫，總是在她的心中種下一棵音樂種子，等到她長大了，透過不同的生活體驗，吸取各方養分，種子發芽茁壯，成為生命的能量和底蘊。她就像一塊潔淨的白紗，染上絢麗色彩，繡上精美圖樣，用各類材質一針一線編織出她不凡的經歷。成長帶來的轉變也反映在親子關係上，馨平了解了母親當初沒能完全用話語表達出來的「堅持」，並且將從小養成的這股毅力體現在生活各層面之中。這就是教育，無法立竿見影，卻在潛移默化中匯聚成一股不可撼動的力量，使人成熟，讓人成長。

我非常推薦大家《18！法客》這本書，若您是一位家長，透過這本書可以更了解青春期孩子的內心想法，找到屬於您和孩子間的溝通模式；若您是一位正在經歷「種子發芽茁壯」過程的年輕人，這本書可以做為您面對新環境、新領域的學習參考及榜樣，特別做為扶輪社在交換學生（YEP）的教材。

清新又帶點詼諧的文章風格，就像馨平這個孩子一般，閱讀這本書讓人感覺不到壓力，卻在不自覺中敞開心胸接納更多元的事物，獲得滿滿勇氣。

大東紡織董事長
永煌教育基金會

陳修忠

人際網絡就像齒輪一樣環環相扣，緊密結合採取行動，連結世界！

——羿晨科技總經理、國際扶輪3462地區 2019-2020 總監　黃進霖

投入扶輪志業超過二十年，跟著社團參與過許多公益活動，深深以為家庭和教育是影響一切「善」的根本。孩子從小耳濡目染家庭所給予的價值觀，成為未來在社會上判斷是非的依據。而扶輪青年交換計畫ＲＹＥＰ（Rotary Youth Exchange Program）讓年輕學子有機會深入接觸不同國家家庭教育，是一個非常有意義的活動，它提供了青年學子與其他國家人士交流的機會，體驗新文化之外，更擴及生活日常，接待家庭、義工及社區，都因與異文化的接觸更加廣泛豐富。而孩子在拓展世界觀的同時，也組織自己的人際網絡。

我有幸擔任馨平參與交換計畫該年的ＹＥＰ主委，認識了這麼一個才華洋溢

的孩子。記憶中她的笑容甜美亮麗，演奏小提琴優雅大方，ＹＥＰ面試時也主動積極，很難聯想原來背後有這麼一個令人跌破眼鏡的「動機」。但無論選擇交換的理由為何，一年後我看到了成長蛻變的馨平，依然光彩奪目，但更加自信從容。ＹＥＰ交換生用一年時間融入外國生活，期間對於世界的概念不斷擴張，也加深了對自己的了解與成長，顯然馨平沒有浪費這一年的光陰，令人欣慰。更難得的是她不僅融入異國生活，更對比她的原生家庭，換位思考，慢慢解開與媽媽間多年的心結，往後馨平與虎媽之間也許拉扯磨合依舊，但相信會有更美好的未來等待彼此，衷心祝福。

這本書值得推薦給尚未找到人生方向的迷惘青少年，更適合即將面對新環境而充滿不安的學子，希望大家透過這本書，能有更多元的思考與勇氣面對新挑戰。

羿晨科技總經理

自我實現的過程中，有些體制是需要去碰撞的

——導演　曹瑞原

很多人因為兒時成長經歷影響長大後的志願。小時候，我跟著媽媽、姊姊們生活在彰化員林山腳下一所偏僻小學的宿舍，狗是我玩伴，寒暑假學校非常安靜都沒有人，我爬到樹上消磨時光，狗就在樹下睡覺，從樹梢上我可以看見夏日午后無人的操場，突來的一陣風會把操場上的黃沙吹起，盤旋然後落下，就只有這樣，孤寂，從小就深印在我腦裡。偶爾媽媽要跟同事去逛街，就騎腳踏車帶我到鎮上，把我丟在她同事家，隔壁恰巧就是間小戲院，透過隔板我可以聽到戲院裡電影的聲音，透過木板縫隙還可以看到銀幕反光，我對影像的感覺也是從那時候開始的。

導演就是個說故事的人，透過畫面把他對生命的觀點、對人事物的看法一一闡述，同時也是一位船長，整合、駕馭、運作整個團隊，不僅僅是創作，還要讓隊裡

的每個人發揮自己的專長，讓乘載作品的大船航行在正確軌道上。然而人沒有永遠強悍的，通常導演是現場最想哭的那一個，他只是用堅持苦撐，很多事情和一般人一樣也不了解，但當下卻得做出判斷和選擇。我一直覺得台灣的影視教育有需要改進的地方，孩子們太專注自我，本科系的學生各個都想當導演，沒有製片、沒有行銷，大家都注重創作，然現實是一班數十位學生，最後成為導演的只有一位，甚至沒有，怎麼辦？這是觀念的問題。當你把一個人的光環除去後，其實每個人都是一樣的。沒有導演的光環，一切都是浮光掠影。電視、電影製作是團隊的戰爭。

我非常鼓勵年輕一代的孩子不要急於追求既定目標，先踏離舒適圈到外頭闖闖，離開象牙塔，去接受文化的衝擊，看看不同的外表、聽聽相佐的觀念、體驗不一樣的行事風格。很替馨平開心，在十八歲的花樣年紀，能有這樣好的機會去看世界，有了開闊的眼界，前方的道路將更為寬廣。

導演

喜悅、悲傷和遺憾，豐富了生命歷程

——峰起云湧影業總經理　杜榮峰

在偶然的機緣下，透過友人介紹認識馨平，翻看她的資歷，拍攝過平面雜誌、廣告，參與若干節目錄製等，心想：是一位挺有潛力的演藝新星啊。深談之後發現原來音樂才是她的專業，曾參加過無數國際音樂節，擁有國際演出經驗，還同時考取美國三所大學研究所全額獎學金，在我讚嘆這小妮子不容易之際，更驚奇的事來了，她邀請我為她的新書寫一篇推薦序。模特、藝人、音樂家、作家……我開始期待她下一次要帶給我的Surprise！

氣質系美少女，笑起來卻毫不做作，開朗甜美是馨平最初給我的感覺，然而她靈敏的思維、獨樹一格的見解更令我印象深刻，這樣的性格養成，源自從小到大與虎媽數百回合的過招，更重要的是放飛法國自我追尋的歷程。

認識馨平時正巧在籌備電影《原來是雨，不是你》，故事透過一個自我成長的旅程，娓娓道來女孩過往生命的悲傷和遺憾，就是這個悲傷和遺憾，豐富了女孩生命的歷程，也因為愛，讓女孩勇敢地決定要掙脫過去，揮別陰雨找回陽光。這是很多人都會經歷的成長旅途，壓抑、迷惘、追尋、釋然，但因為我們陷入其中無限反覆，往往不能跳脫審視，當有一日破繭而出回首過去，或重如千鈞，或雲淡風輕。十八歲的法國旅程，馨平蛻變了，往後或許還會有更多的困難挑戰，但相信這個總是帶給我們驚喜的女孩，會一次次地克服並成長。

這本書字裡行間充滿了馨平的古靈精怪，有點搞笑，有點詼諧，偶爾帶一點少女愁緒，也有反思與檢討，你就像在看一位鄰家女孩的成長日記，一點都不會有壓力，但又能獲得滿滿勇氣！

峰起云湧影業總經理

我堅持，是因為你很重要

——台中市交響樂團團長 張淑儀

我從來不知道我女兒會寫書。有一天當馨平跟我說要出書時，我心想：「又再抽什麼風了，有時間怎麼不去練琴。」但是當《18！法客》橫空出世時，我才知道：「哇，原來你是說真的！」

我同樣有一位虎媽，在她規畫與安排下，我的成長之路非常平順，上學、練琴，規律且順遂，二十一歲就考取省立台灣交響樂團（現國立台灣交響樂團），是該屆最年輕的團員。進入教職，指導的學生乖巧聽話，在音樂上也都有優秀的表現。一切都這麼理所當然，怎麼知道我人生最大的鐵板居然是自己的女兒，完全不聽從媽媽的安排，所有事情都唱反調，我認為的應該如此，在她腦袋瓜裡總有千百種理由反駁。

我和馨平的互動一直處於一種恐怖平衡，衝突、爭吵、冷戰、妥協，無限循環，就像一根繃緊的弦，一不留神關係就會斷裂。但是無論她如何閃躲，我一定想盡辦法讓她面對，明知會讓彼此受傷，在爭吵中我依舊堅定立場。對於學音樂這件事，身邊朋友常勸我，孩子沒興趣的事就不要逼她，其實我是想藉由學音樂這個媒介，讓馨平學會一種態度。我從沒要求馨平課業成績頂尖或是一定要成為演奏家，只盼她凡事不要半途而廢，要達到某個程度才可以說自己努力過。我不確定我未來有什麼可以留給馨平，但我知道音樂會是我送給她最大的財富。

法國留學回來後，馨平像是突然長大一般，依舊獨立自主，但明顯的是會以更多種方法溝通身邊事務，遇到困難會想辦法解決，不像過去消極逃避，由內而外散發的自信讓我欣慰又驕傲。我常覺得馨平回國那一年，不僅我女兒回來了，我還多了個姊妹淘。即便生活中我們依舊有摩擦，但都能理性溝通，她在進步，我也在學習。我想是因為我們都知道，彼此是對方非常重要的人。感謝曾經關心、幫助過我們的人，也感謝我和馨平彼此願意敞開心胸，接納彼此的不完美。

女兒出了新書，要我幫她寫一篇序，正經的序文有點沉重，我姑且當作是一封對女兒的告白信：

親愛的女兒，雖然我常笑說你寫書罵我，但我知道，對於這件事你懂我是驕傲的。回首我們過去互相折磨的日子，都是彼此成長的養分，謝謝你理解我身為一個媽媽所擁有的父母通病，想把孩子保護在一個安全的環境裡，為你鋪好一條平坦的道路，但也因為你的「不受教」，讓我看到了你的無限可能，我真的非常感動你能有如此的成長，以及這麼優秀的表現。希望你莫要忘記一路上給予支持和幫助的長輩、親人、朋友，也祝福你保有初心，平安順遂地走下去。

台中市交響樂團團長

孫淑儀

目錄 *Contents*

推薦序 p.004

- 教育就像紡織，用各類材料一針一線編織出獨一無二的生命養分
- 人際網絡就像齒輪一樣環環相扣，緊密結合採取行動，連結世界！
- 自我實現的過程中，有些體制是需要去碰撞的
- 喜悅、悲傷和遺憾，豐富了生命歷程
- 我堅持，是因為你很重要

Story 1 媽媽咪呀！堅持就是一切！ p.025

- 回溯的一瞬間
- 多氧的學校生活漸漸無氧化
- 嚴師出混徒
- 終於……最後一根稻草

Story 2
人生就是不停地選秀
・我要為自己而活！
・魔王的新舞台：選秀
・逃離魔王大作戰！開始！
p.047

Story 3
Bonjour 日安，法國
・再見！我最親愛的魔王虎媽
・入住西北法照騙別墅
・第一晚的異鄉世界
p.067

Story 4
在法國戰鬥吧，女孩！
・第一個法式早晨
・法文抗戰的開始
・雷恩 Rennes
・同為媽媽兩樣情
p.087

目錄 Contents

Story 5
「同學你好！三碗豬腳？」 p.105
・貴族高中，走到跪足
・米其林學生餐廳
・傲慢與偏見
・弄巧成拙的哥哥
・厚臉皮的交友之道
・厲女士的文學課

Story 6
享受人生吧！C'est La Vie! p.131
・假日就是要開遊艇
・法國慢活主義
・愛情隨心不隨便
・兩光惹怒法國人

Story 7
狗腿王的生存之道
・人……是外貌動物
・法國人的吃飯配話
・台傭／太勇一線之隔
・暖心的異鄉家人
p.149

Story 8
學音樂有三小路用？
・我的人生目標？
・尋師歷險記
・音樂是我的第二語言
・閣樓小日子
p.171

目錄 Contents

Story 9
跨越半個地球的愛
p.193
・叮叮噹，鈴聲多響亮
・黃皮黑髮的法國人
・喋喋不休的法國大叔
・天下父母心

Story 10
生活的眞實面貌
p.223
・口渴街
・人情冷暖的成長
・美味的義式臘腸
・國王派的心願

Story 11
重生的洗禮
．回頭是岸的老公
．上天下海的危機
．我吃了一隻貓！
．法國奶奶們
．浪漫法式婚禮
．十八歲掰掰
p.243

Story 12
是結束，也是開端！
．法國學校革命
．天下無不散的宴席
．虎媽，女兒滾來了！
．搶不走的禮物
．18歲，在法國找到自己
．謝謝你的堅持，虎媽！
p.279

Story I

媽媽咪呀！
堅持就是一切！

1-1

回溯的一瞬間

「跳嗎？」低頭看看腳下的遮陽棚，又抬頭望了眼天空，現在的我坐在四樓的陽台上，面對著一躍而下的衝動。喔對了！我是咪雅、十五歲、國中三年級，雖然只享受了十五年的人生，但我真的、真的再也受不了這種被支配建構的人生。

讓我們先把時間倒轉十年，面對屆齡五歲即將上幼稚園的我，媽媽已開始啟動縝密編織已久的「望女成鳳計畫」。媽媽與她的姐妹們，這一群女人的聚會與訓練有素的特務交換情報無異，所有台中市最好的幼稚園、最讚的語文老師、最好的培養課程……等資訊總能概括囊中。一場聚會結束後，總可以看到一群打扮精緻的女人帶著炯炯有神、志在必得的神情步出咖啡廳，帶著絕對的信心，要讓孩子成為人中龍鳳，所以……哪裡有最可以增加孩子實力的教育，就往哪裡衝。

不出意料，我進入台中市最好的私立雙語幼稚園，「無論多少錢都沒關係，一定要受最好的教育！」入學那天，媽媽霸氣地對院長說道。三十出頭的媽媽，長髮大眼模樣溫柔，待人謙恭有禮，還有音樂老師的身分加持，在外人眼中，整個就是氣質的化身。但在我眼中，她除了是個魔王、還是個控制狂，不只緊迫盯人、還有無藥可救的幻想症，認為自己生的小孩是天才小公主，除了有一堆難以消化的課程，每天出門的打扮也得精心設計，配好成套的髮箍、洋裝、鞋子，連食物都是在控管之中，路邊攤是全然禁止的……。放學後轎車中播著莫札特交響樂，媽媽遞上百貨公司的提袋，邊吩咐行程：「等下上完音樂課，要上芭蕾！」放下嘴邊剛咬下的菠蘿麵包，我囁嚅著：「可是我才剛下課……」「是啊，明天開始還要上書法課！」媽媽不容置喙的回答，年紀還小的我不懂得如何反抗，只得照單全收。而回到家，明亮寬敞的空間卻顯得無聲冰冷。我覺得我像是電玩裡的黃色小精靈，每天被魔王追趕，不假思索地吞下所有魔王設置的小白點，日復一日、義無反顧地在設定好的道路上前行。

在這種無止盡的追逐遊戲下，童年自帶那耀眼金色太陽光也逐漸變成風中殘燭。還好託媽媽音樂事業剛起步，忙得焦頭爛額的福，在假日不得不把我託給外公外婆照顧。「外公！」「乖孫，你來啦！阿公買炸雞給你吃！」阿公一把抓住我上肩，燙一頭三角捲髮的外婆趕忙塞錢到阿公口袋，他倆在繁華的台中市區經營傳統樂器行，鵝黃色的燈光照射下，牆面上掛滿中西樂器，直立玻璃櫃中擠排列著各式音樂用品，店面亂中卻也有序，一個個櫃子整齊地立在走道中。我喜歡窩在櫃檯旁的小板凳，與外婆養的黃狗並肩啃炸雞、看著外婆招呼絡繹不絕的客人，高中情侶甜蜜地買吉他Pick項鍊、鬍渣大叔上門詢價管樂器、長髮姊姊上門學琴。在外婆播放最喜愛的披頭四音樂聲中，隱隱夾雜地下室傳來的爵士鼓聲，二樓行雲流水的古箏彈奏，雖然雜亂卻顯得溫暖無比，這裡沒有百般禁忌的規範和行程，是我的世外桃源。

只是沒過多久，媽媽像是宣告自己的音樂事業抬頭，與阿姨在外公外婆的傳統樂器行旁邊，合開了一間明亮新穎的新式音樂中心分店，自此以後，我就算來世外桃源也逃不出媽媽的手掌心。

我的幼稚園畢業英語演講是——「My busy schedule」（我忙碌的行程），聽起來不難，但這個演講可花上我大半個月的準備時間。因為只要一週有七天，我就有七種不同的課程：英文課、朗讀課、畫畫課、律動課、音感課、樂器課……等等，而這些行程可怕的程度比起魔王的追趕是有過之而不及，無論多麼努力消化都相當累人。意外的是，我的畢業演講得了最佳觀眾獎，「我？」短短的食指指了指自己，院長摟著我的肩：「是啊！快點上台吧！」突來的獎項令我毫無頭緒，雖然我最後一句是：「I love my schedule.」（我喜歡我的行程）但朗誦我的行程一點都不有趣，我以為大家都聽得出我話語中的無奈，可上台後卻見台下的家長們無一不微笑地熱烈鼓掌，看著媽媽露出滿口白燦燦的牙，起身揮手像是代我接收所有鼓勵，喧囂間我彷彿了解了什麼，對我來說痛苦的小精靈追逐生活，不過是大人們的娛樂小遊戲。拿著獎狀回座，魔王笑靨明媚得令我費解，可生活照舊，我仍須前行。

週一到週日總有不同的日程得消化。

1-2

多氧的學校生活漸漸無氧化

在脫離雙語菁英幼稚園後展開小學生活，開學第一天，身旁同學們鬼哭狼嚎地哀求爸媽留下，瞥見窗外的媽媽一臉失落，我心內卻是花兒朵朵開，春風滿面地享受這自在的空氣，平時那索然無味白吐司，此刻竟也嚼得津津有味。學校是供給我氧氣的所在，就算導師會處罰學生、甚至把路隊旗打斷，上學時光還是比在家氧氣充足，學校營養午餐也比媽媽手藝來得美味。

媽媽是個出得了廳堂、入不了廚房的女人，頂著職業婦女的頭銜，她最拿手的菜餚是果醬吐司，我掀開吐司邊緣，默默地抹上缺角的果醬：「媽，下次吐司可以烤一下嗎？」「我哪有那麼多時間，趕快吃一吃，我出門上班！」每日與媽媽單獨相處最長的時刻是早晨，「咳……好臭……」空氣中飄散的不是飯菜香，是濃郁薰人的精緻調香，整個房間煙霧瀰漫，被嗆醒的我不禁抱怨，媽媽手中擺弄的精緻香水罐，在我眼中與殺蟲劑無異，她頂著精緻妝容嘟囔：「小孩不懂，明明就很香！記得放學要上課！」丟下話語匆匆離去，還好與媽媽單獨相處的時間並不長，否則我大概已窒息。原以為多氧的學校生活能一直持續，一切在小提琴進入我的人生後起變化。媽媽在事業上了軌道後越加忙碌，並沒有改變壓迫我的心思，為了能夠監控我，還不惜當上學校家長委員，促成學校創建弦樂團，我生氣地問：「我為什麼一定要學音樂？我不要，我想要別的！」「你長大就會懂了！」媽媽往校園伸出魔爪後的回答，我還真的聽不懂，只知道從此一早到學校早自習就得提著小提琴去社團練習。

在媽媽事業小孩兩頭燒之下，舅舅被邀請加入威逼我的行列，如果說媽媽是魔王，舅舅就是不折不扣的魔神。上小學後，舅舅成為我的小提琴老師，我唯一反抗的方法是不練琴，千方百計想方設法逃離小提琴，但只要不練琴，我得舉著琴盒在音樂中心門口罰站，接受路人注目洗禮。例行挨罰的時光，美麗的媽媽總在透明玻璃後，優雅地與學生家長喝茶談天，學生家長看我哭得鼻涕直流，於心不忍地說：「哎呀，小孩沒興趣就別逼了，何苦呢？」「你不懂，就是要堅持，我的小孩我懂。」端起茶盞抿了口，淚水朦朧中我看到魔王冷冽的視線，「你才不懂！」我內心無聲地尖叫。

小學五年級時，媽媽病入膏肓上升至另一層級，有次難得的假日一同去鄰居阿姨家聚會，明明準備好拼圖要和阿姨女兒一起玩，媽媽卻不忘要我帶上小提琴，進門寒暄過後，媽媽禮貌地問：「你家有沒有空的房間呀？」阿姨瞥見我蓄著兩坨淚水的眼眶，疑惑地回答：「有啊，要做什麼？看你女兒都快哭了。」心知肚明媽媽即將要做的事，我還是看著那雙邪惡的紅唇，一張一合間無情地宣告我的命運：「找一個房間讓我女兒去練琴。」崩潰地擦掉臉上的淚，在阿姨與女兒們的同情注視下，揮別歡樂聚會。明明一開始說好是要來聚會的，卻莫名其妙被關禁閉。門外依稀聽到阿姨們勸說：「哎！你這個是必要的嗎？就讓她玩一下沒關係吧？」媽媽還是老話一句：「你不懂啦！就是要這樣。」我開始討厭媽媽嘴中說對我好的一切，包括她最常迸出的那句「去練琴」，這句話逐漸變成「憤

怒咒」，只要聽到這句話，我就特別討厭小提琴、特別不想練，但是在魔王與魔神的雙重威嚇中，我根本無處可逃。

被追殺的童年。

長大的過程是痛苦的，
就像美麗的玫瑰在荊棘叢中綻放，
只是刺得我痛苦不已的荊棘叢，卻是媽媽所種下，
但親愛的媽媽，你真的懂什麼是對我好嗎？
人家也想出去玩……

1-3

嚴師出混徒

小學畢業，在我勤奮的練習並熱愛小提琴之下，我被收入一位小提琴老師門下，媽媽囑咐：「要好好學琴。」我激動得熱淚盈眶：「謝謝媽媽！我會好好學習琴藝的！」

這一切都是幻想，如果我生在百年前，上述的情況還有可能發生，但換到這個世代，這麼多學習的選擇，數不盡的資訊資源，我完全不理解為什麼一定要逼我學小提琴。隨著年齡增加，我的個性也越來越反叛，開始在上小提琴課時躲起來、故意氣跑家教老師「不好意思，您的女兒需要另尋高明。」聽過無數次請辭的虎媽，終於找到這位聽說很會對付小孩的教授。

「幫妳找到新老師」「嗯」青少年時期的我，很多時候不知道要說什麼，覺得說出真心話太傷人，又臉皮薄無法說假話，只好臭臉裝酷以一個字——

「嗯。」帶過，對媽媽的囑咐也不例外。「嗯」這個字聽起來很冷漠，可我並不是不感激、也不是不在意，而是在高度期望、百般壓迫下，原本正常的回應也跟著被壓縮成一個字，想深藏自己紅色的負面情緒。不過，在對生活覺得索然無望之際，遇到生命中讓我改變觀點的嚴師。

王老師是我遇過最酷的老師，他是活生生「堅持」兩字的化身，一頭及耳的灰髮，配上成套西裝，國中整整三年，如果一年有五十二個星期日，那有五十一個他都會風雨無阻地從台北搭車來台中，準時地出現在音樂教室。如果我沒有按時練完作業，就得在課後留下來繼續練習，所以這也代表五十一個星期天，我都得站在店裡練八個小時以上的琴，等老師上完課搭車回台北才能離開教室。聰明如我發現這是最經濟實惠的練習方式，一天可以練完一個星期的份，代表一個禮拜還有六天得以清閒，不需要面對小提琴這面目可憎的樂器，划算！不過身為青少年，當然還是百般想著逃跑，因為王老師真的很嚴格，稍稍音不準就可能得數個音拉上百次，雖然不再逃課，上他的課淚也沒有少掉過，但王老師只會說：

「哭完了？繼續拉。」

有一次颱風天，眼看著上課時間就快到了，王老師還沒出現，我按耐著興奮撥通老師電話，幻想著今天可以放假：「老師……」話音未落，老師沉穩的聲音回答：「我就在轉角，彎過去就到了，甭想了，趕快調音準備上課！」破滅……但這並不代表我認命了。

為了逃避星期天馬拉松般的練琴日程，我做過最費力的事，就是翻了二十個屋頂的牆，一路從音樂教室的屋頂翻回家。音樂教室和我家位在同一排的連棟別墅中，一個在巷頭，一個在巷尾。那次是真的練到絕望了，歹念橫生，跑到屋頂發現只有一道道到我胸口的矮牆隔著，這時不得不感謝小時候媽媽讓我學芭蕾，才有筋骨軟Q的我，即便如此，在爬到一半時還暗罵自己蠢豬，怎麼會想出這種吃力不討好的辦法，但眼下進退兩難，全身髒汙又不可能回教室，加上剩不到十道牆就可以回家了，練琴給我的堅持與耐力湧出，我居然完成這個壯舉。

說也奇怪，雖然千方百計想著逃跑，王老師也像貓捉老鼠，有意無意會在別人上課時，跑來我的琴房看我有沒有認真練習。王老師的堅持，像投了一顆小種子，在我的心裡種下了些什麼，我開始覺得拉琴這件事好像有那麼一點有趣。

有風雨無阻的老師，混徒的學習上了軌道。

1-4

終於……最後一根稻草

拉琴這件事開始有了好的轉機，我和媽媽的關係卻日漸惡化，從小到大，對於媽媽百般壓迫的行為很不諒解，我想要溝通、想要跟自己的媽媽溝通，無奈溝通總是單向，我說我的，媽媽說她的，永遠都是文不對題，而最後媽媽總會憤怒地用話語來截斷對話：「我辛苦養你到這麼大，就是被你這樣糟蹋的！」

在吵架中總會不自覺吐出許多傷人的言語，我們從大吵到冷戰，我可以一個月不跟媽媽說任何話，就因為無論怎麼說最終都可以扯到不孝，而這個字眼對我來說過分嚴重，也過分苛薄了，我不過就不想練琴，不遵照你的意思，就是不孝了嗎？

冷戰的確起了作用，媽媽這個身分所附加的責任和愛讓她產生了過度憂慮，開始憂心我會去自殺，總找各種不同的人來探聽我的想法。隔壁的小潔姐姐每到教室上完課都會來關心我：「咪雅你還好嗎？」「嗯啊！」「沒有啦，想說看一下你好不好而已。」又是一個媽媽派來的間諜，不跟媽媽講話，我沉醉在我的小說世界過得可好，《甄嬛傳》、《步步驚心》……後宮爭鬥都可比妳這個可怕的女人有趣多了。

冷戰終究會結束，但不解與憤怒卻在累積疊加。國三的我在媽媽對才藝的嚴厲要求，加上升學課業壓力下，某天夜晚，在隔條街的外婆家吃完飯後，和媽媽爆發了大吵。

咪雅：「你到底為什麼要一定要我學琴？」

媽媽：「就是要學啊，我不管！」

咪雅：「學了有什麼好處，我現在根本顧不了！還要顧功課！」

媽媽：「我不管你就是要學！給我學！」

咪雅：「你就是無法溝通啊，你告訴我學習的目的吧。原因？」

媽媽：「練習的過程哪有不辛苦的？這是一定要的！」

咪雅：「你到底在堅持什麼？回答問題啊！」

媽媽：「要成功這是必然的！」

咪雅：「什麼叫成功啊？你說啊！」

媽媽：「我不管，我生你養你就這麼辛苦，你怎麼可以這樣？只要努力就會有機會！」

咪雅：「不懂！不懂你到底要講什麼！講出來到底是為什麼！」

怒視我一陣後，媽媽突然暴哭，在這麼多次吵架以來，第一次爆哭，在我還一頭霧水時。剛踏進門，和媽媽一起合開音樂教室的阿姨剛回家，看到這情形便斥責說：「你到底搞什麼？怎麼可以這麼沒禮貌和不會想，這樣對你媽媽，怎麼會生你這種女兒！」

像一根針又直戳我的痛處，刺蝟般反應地大吼：「干你屁事，你以為你是誰！」

「砰！」我被壓制在牆上，阿姨掐著我的脖子大吼著：「你怎麼可以這樣，媽媽這麼辛苦！」

媽媽則又在旁補槍：「滾出去吧！給我滾出去！」

「滾就滾！」把頭一梗，我用力甩開阿姨的手：「我死一死好了！這樣你們都開心！」

阿姨腦衝之下回了句：「有種你就死一死！有膽去啊！」

我生氣地衝出門，下一秒就聽到媽媽嘶吼著：「你給我滾回來！」

一下要我滾出去、一下又要我滾回來，
虎媽，想清楚再命令呀！

誰要滾回去？當我是狗？就算我屬狗，也不代表你可以這樣踐踏我的意志！氣急之下滿臉漲紅，大步地跑回家，並直接衝上四樓陽台，死就死誰怕誰，我就不信我會怕，一鼓作氣坐上陽台。

「跳嗎？」低頭看看腳下的遮陽棚，又抬頭望了眼天空，四樓的空氣很好，夜涼如水、月光朦朧，一切如夢似幻。雖然小說都有穿越時空的情節，但身下顫巍巍的欄杆，四層樓的高度，只怪媽媽威逼式的教育把我教得太膽小，十二歲才敢自己去超商、十五年來反抗高壓從未成功……「萬一沒成功怎麼辦？」腦中忽然浮現這個想法，捏緊的氣球忽然洩氣，不得不承認，我，還真沒膽往下跳。

默默地收回腳，卻不甘心這麼善罷甘休，頭腦飛快地想著，還有什麼作法可以讓媽媽後悔、讓阿姨覺得自己是錯的，讓冷酷的大人們也感受我的痛苦，可眼下能見的方法：刀子太尖、瓦斯又太危險……想完一輪，結果我都不敢。又氣又惱地蹲在陽台角落，氣的是自己無能力改變，惱的是根本不想說道歉化解一切，現實總是特別殘酷，我的確是個弱者，耳邊嗡嗡聲傳來，「啪」掌中一抹紅，連蚊子都趕來分食失敗者的氣味。叮咬處陣陣癢意騷擾我自怨自艾的心情，拍掉手心乾癟屍體，搔著鑽心的癢處，一個念頭升起，憑什麼她們做錯事、這樣逼迫我，結果是我付出代價傷害自己？自作自受，代價當然要她們自己付！轉念一想懦弱又如何？十年磨一劍，我苟且偷生累積能力，堅持努力等到十八歲成年，等自己有底氣奪回主控權，便可離開媽媽，隨心所欲去做自己喜歡的事情，不再被限制約束。找到心中暫且低頭的藉口，拉開陽台紗門，踏回所屬的世界。

你對我總有成見，
先入為主地認為我是「難搞的青少年」，
我們從不是平等的兩方……

Story 2

人生就是
不停地選秀

2-1

我要爲自己而活！

媽媽一切的堅持努力都是為了讓小孩更有競爭力，在這過程中，我了解到這是家長們最愛的餘興活動及比較心態的殘酷。媽媽驕傲地跟其他人吹噓的面容無形中形成另一種壓迫的夢魘。

在考高中時，我認知到比較並不限於媽媽口中的炫耀，而是會改變自己生活及未來的人類運動。考完學力測驗後，在老師的建議下去嘗試音樂班的獨立招生，獨招採用撕榜制，分數越高越能優先上台選擇學校。台上的學校依照排名從右到左排序，考生撕掉右邊的紙張，台下就會發出嘆息聲，反之，只要考生能撕右邊卻選擇左邊的紙張，台下就會發出讚嘆聲，考生們的眼神忽明忽暗，赤裸裸地在所有人面前，把十八歲對世界的懞懂期望與活力，一一貼上比較的標籤。

排名不高，卻不至於墊底，我端坐在幾百張灰色鐵椅間，屏息看著前面一個個考生走上台，場館冷氣不強卻冰凍著精神，戰戰兢兢地觀察局勢。一間間學校名額被撕走，撕到第一志願的考生滿面紅光地搖著手中名額向家人報喜，我轉頭看了陪同而來的媽媽和外婆，兩人臉上盡顯焦慮，外婆動著手指，掐算著到底會撕到哪間，我隨著身旁人數漸少，心臟也跟著撲通撲通地跳著。最後我撕下右手邊所剩不多的名額，還記得我撕的數字是「3」，不是第三名，是彰化高中倒數第三個名額，「好險！」當下放鬆後只覺得僥倖，直到步出場館，周圍的家長學子們討論著高中的學校，陪同的媽媽也開始查找彰化高中的資料，才發現我居然主導了自己的命運，在這場令人厭惡的比較之中，第一次親手對自己的未來做出選擇。

看了地圖才知道彰化高中在台中南邊的八卦山腳下，而且還是一所「男校」。媽媽一聽到這個消息超級緊張：「甚麼？都是男生!?」四處探聽學校風評，確定學校挺好才放心，原本依照計畫要搭火車上下學，不過開學當天還是親自開車送我上學，看到學校男同學的模樣，才一臉放心地對我說：「同學看起來都挺單純的！太好了！」

第一次搭火車去學校時，盯著窗外移動的街景慢慢變成小田園風情，兩側大多是平房，比起景色，離家的距離感更讓我覺得新奇。下了火車看是要步行去學校或是和同學一起搭計程車都可以。一出站就會有很多伯伯在攬客，通常都與學生相熟，一個人均攤約二十五元，交通算得上十分便利。

彰化高中裡，男女比例是２００：１，女生根本是珍稀資源，第一個禮拜踏進校園簡直不得了，男孩們是擠在走廊欄杆旁，用目光簇擁著音樂班的學妹入學，說是「母豬賽貂蟬」真的一點也不誇張，但也讓我期待校園這一方小天地。

從小就不停地在追逐媽媽口中的吹噓。

2-2 魔王的新舞台：選秀

高中過得很愜意，但僅限在高中校園內的時光，回到家媽媽照舊咄咄逼人叫喊：「去練琴！」每個星期天還是得面對八小時的禁錮練琴，在男女懸殊的高中也始終沒有遇到拯救自己的白馬王子，少女情懷只能寄託於漫畫中。

愜意的日子沒有太久，媽媽又發展出另一個興趣——讓女兒參加選秀，「選秀也是一個上台的機會，可以訓練台風！」這是她一開始的說詞，就算我臭著臉百般不願，在聽到獎項時卻無法阻止地想嘗試，高中正風靡日本模特雜誌，這次剛好是婚紗公司舉辦選秀，得名可以有雜誌拍攝的獎勵。

比賽當天，在機智問答的關卡，主持人隨機問道：「禮服和你的生活有什麼關聯呢？」我按照心中想法誠實地回答：「因為學習音樂有很多機會穿禮服，禮服顏色很繽紛、也可展示多種心情，我希望古典音樂的大家，以後也可以穿像婚紗般五彩繽紛的禮服，不要都穿黑白，像「喪禮」一樣死氣沉沉，很無聊。」沒想到台下觀眾反應是一片死寂的靜默，尷尬地意識自己說錯了話，演奏古典時穿著黑白是一種莊重的態度，並非自己信口所說的無聊，講出去的話覆水難收，我努力扯著嘴角保持微笑弧度，可是台上卻是孤立無援的境地，還好主持人巧妙地轉到才藝展示，拿起小提琴的我才發現，原來自己面對觀眾最自在的樣貌，是拿著小提琴的時候，與小提琴的相遇雖不是美麗的開端，但它卻成為我面對世界的戰友。

第一次選秀的確覺得自己對於上台更有自信，但也覺得媽媽實在太天馬行空，選秀徒增許多壓力，我只是個高中生，盡本分當個學生不是很好嗎？

高二時，某天媽媽又發揮水瓶座的天馬行空，抓著報紙一角，興奮地嚷嚷：「咪雅，去報名這個吧！獎金超級高！」報紙上公告彰化要舉辦官方選秀「農產品公主選拔」，要大力宣傳本地農產品。

「什麼？我才不要！」有了上次選秀的經驗，我警覺地一口回絕，碎唸著：「要選你自己選，鬼知道這是什麼！參加這種東西一定會被同學笑，我才不要這樣丟臉。」媽媽呵呵笑著：「要是我年輕三十歲，我就去！」原以為可以結束這話題，但不屈不撓的媽媽是不可能以三言兩語打發，她開始把理由編織成一張網：葡萄公主的第一名有五十萬的獎金，我從小到大花費昂貴，琴棋書畫樣樣都學……既然花了她這麼多錢，就應該自己去試著賺回來，「養育你是一種借貸關係，勿做理所當然。」在媽媽滿口道理下，我再次失去辯駁的論點，莫名其妙地掉入魔王的網。欠債哪有不還的道理，只好乖乖上場掙錢。而且五十萬數目並不小，對十七歲的我更是鉅額，倘若拿到不僅還債，我連逃脫的籌碼都有了，深吸一口氣，在報名表上簽上自己的名字。

「請上網站幫我投票吧，謝謝大家！」選秀關卡之一是列入計分的網路投票，所以投票網站一開通，我開始逢人就這麼推銷著，在那個社群媒體剛風行的年代，我私訊了所有好友、好友的朋友，請大家上網幫我投票，態度從一開始的羞愧，漸漸覺得沒那麼丟臉，到最後覺得面子都是小事，只要票數能衝高，其餘的都不重要。

原本想瞞著同學進行，但眼看票數追逐距離陷入膠著，上學時我終於鼓起勇氣告知同學：「欸，我要選農產品公主。」

「啊哈哈哈，真的假的啦？」「什麼東西?!哈哈」同學們聽到後笑得東倒西歪，在笑聲中我感覺活生生成了異類，我不喜歡變成異類，我喜歡和同學披著一樣的生活和目標，心中不禁對媽媽又是埋怨一番，可是木已成舟，在競爭的壓力下不得不為自己爭取多點票數：「真的，別笑，拜託上網幫我投票吧！」農產品公主選秀，比起之前的婚紗選秀更為盛大，大致分成兩輪：第一輪初選在台北選出五十人，第二輪總決賽在彰化評選名次。為了初選，媽媽還特別提早一晚帶我上台北，帶著禮服店挑選的兩套禮服，志在必得，一開始我還覺得太「搞剛」了，何必弄得這麼複雜，後來才發現媽媽有先見之明，其他參賽者當天與我的裝扮相比，根本有過之而不及。

初賽在信義區百貨廣場舉行，一早在飯店化好妝去現場，許多參賽者正穿著晚禮服在百貨四周找位置休息，各個妝容精緻，造型別出心裁，我雖已戴上濃妝面具，臉上蜜粉的厚度不輸人，外表年齡已生生硬加了好幾歲，但與其他參賽者相比還是看得出是稚嫩的孩子。焦慮的我握著號碼牌坐在角落，覺得自己格格不入，選秀卻也是難得的機會，能見到各種不同背景的參賽者談吐交際，從大學生到人母，有的表現性感火辣、有的展現智慧才能、有的發揮天馬行空的搞笑能力、有的走保守安全式端莊路線，宛如濃縮版的社會，一切是我待在學校中不會見到的情景。

「不過就是上台！別緊張，你都有經驗了！」媽媽安慰我：「You can do it！五十萬加油！」明明不是參賽者，她卻擁有無比自信，或許每個媽媽都是這樣，永遠相信自己孩子是最棒的。

「大家好，我是咪雅，十七歲，就讀彰化高中，希望能用我的青春活潑和熱情，為農產品盡一份心力，讓所有人都知道彰化的好！」露天舞台上進行第一階段的走秀，我努力維持顫抖的嘴角上提，不忘踩高跟鞋的膝蓋要挺直向前邁步。「擺姿勢時要挺直腰板，走出去定點POSE，走回來定點POSE」，腦中默念在台中特別請教以前芭蕾舞老師所得到的「心法」。慶幸選了前短後長的禮服，只要轉身時不踩到就沒有滑倒危機，快速走完路線後站在台上定點擺姿勢，微笑等待其他佳麗走完。第一次穿高跟鞋長時間地站定假笑，腳趾不停傳來尖叫聲，心中感嘆要當公主不容易，但踩在高跟鞋上的高度卻讓我異常自信，覺得自己好像有大人的視野及高度。

第二階段才藝表演，台下的評審會在演出完直接舉牌，告訴參賽者獲得的分數，直接舉牌既殘酷又刺激，與音樂班撕榜定生死無異，但經歷過更多試驗的我對自己也更有把握。我別了一串葡萄在黃色禮服上，明亮的黃色代表太陽，照亮著色澤飽滿的紫色葡萄，再以小提琴演奏一曲有著田園風采的樂曲，評審挺給面子的，初選才藝順利過關，還得到兩、三個評審舉了滿分五分給我。

決賽環節則更為複雜，有宣傳影片、個人才藝、美姿美儀、機智問答和團體競賽。見識了初選時大家的服裝角力，這次特別精挑細選，選中一件上身滿是亮片的短禮服，配上紫色小裙擺，預先想像這套衣服配上小提琴演出的氛圍與場景。為了才藝環節也絞盡腦汁，演奏小提琴之外還加入小短劇與宣傳影片做跨界結合，主體的故事大略是：穿著彰化高中白制服，吃了一顆彰化葡萄後昇華，美味到穿著禮服陶醉地在葡萄園奔跑、演奏小提琴……為了影片和最終贏得獎項的目標，不惜光腳踩在雞屎肥料上奔跑拍攝，整個安排在我的腦海中完美無缺，17歲的我在這些努力下信心漸增：「媽，我覺得我會得第一名。」

決賽在彰化演藝廳舉辦，當天一切流程走向都跟預想的發展相同。走秀穿著一件別滿假葡萄的綠色紗裙禮服，邊走邊想像自己是希臘神話至高無上的女神，踩著自信步伐走入凡間，傲視觀眾，展示農作物，驕傲微笑。之前婚紗選拔失誤的機智問答，這次我抽到的問題是：「你最感謝的人。」抬頭望向觀眾席，媽媽睜大眼睛期待地看著我。瞬時有幼稚園畢業演說的既視感，絕不會出錯的答案擺在眼前，我答道：「我最感謝我媽媽，因為他鼓勵我學習才藝，所以我覺得世界更美好了，希望有機會可以為彰化盡一份心（拿到五十萬）！」贏得觀眾的掌聲和媽媽讚許的微笑，實話是什麼不重要，我知道我說出大家想聽的答案。

再來是主辦單位隨機分配組員的團體競賽，由五個女生為一組，我們這組裡屬我年紀最輕，在討論時發現，原來大家對表演有如此多樣的創意，是我在琴房裡一個人鑽研時肯定不會激盪出的想法。其中一位姊姊是舞蹈老師，她提議小組跳原住民風傳統舞蹈，學古典音樂的我從未接觸過這種表演，原本練習著還擔心落於俗套，沒想到在組員賣力合作下，大獲全場好評，得到最佳團隊獎。

最後是才藝表演，上台前發生突發狀況：禮服不小心被改太小，乾癟的我還得全身纏滿膠帶，才得以在眾人合力之下拉上拉鍊，在台上演出吃葡萄變身，搭配電小提琴演繹探戈舞曲的熱情，在一切努力與跨界嘗試下，我覺得勝券在握。

事與願違，可能年紀小，媚眼拋得不夠味兒，評審沒有因為我的暗送秋波而打上高分，才藝表演也意外滑鐵盧，總積分跌出十名外，最後鎩羽而歸，只得到了最佳影片與最佳團隊獎，抱回零元獎金，甚至還倒賠所有準備工作的費用。

這跟我以往的音樂比賽經歷不同，以往只要努力付出，在演奏上就有相同的回報，不會是這種情形，怎麼想破頭我也不懂哪個環節出錯。奇怪的是媽媽完全不在意我的挫敗，微笑地鼓勵我：「沒關係！都是經驗，你又更進步了！」安慰我人生大概像阿甘正傳所說的是一盒巧克力，永遠都不知道會吃到哪種口味。原以為媽媽會不開心，像以前我考試不及格般勃然大怒，沒想到得到她的安慰，從小厭惡媽媽的衝突感似乎也被沖淡些，看著媽媽也不再覺得面目可憎，但我還是嘟囔著抱怨：「以後不准再叫我選東選西！」

壓力是成長的原動力。

在不停地比較嘗試下，
我逐漸抓住大眾喜愛的胃口。

2-3

逃離魔王大作戰！開始！

回到往常的日子，除了原本課業生活，我也開始參與小提琴演出及家教，某天受邀於扶輪社演出，一位叔叔在我收琴時湊上前與媽媽交談，原來他極力推薦我參加交換學生徵選，只要選到就可以去國外交換一年。「選」這個字對媽媽來說就像興奮劑，「離開」這個關鍵詞撥動我心弦，就算選秀時有拉近母女關係，但長久以來的積怨豈能轉眼一筆勾消。這樣的情況下，兩人第一次一拍即合，擁有相同共識參加這個計畫。交換學生徵選，一樣有面試以及才藝展現，對於有樂器比賽和選秀經驗的我，根本就是 A piece of cake。

首先是中文面試，「為什麼想要參加這個計畫呢？」扶輪社面試官阿姨問，「因為我想要擁有國際觀（人生自由），想探索外面的世界（逃離媽媽的五指山）。」我已經知道普世價值觀下喜歡的乖學生回答，幾個問題後，過關！面試官滿意地微笑示意我往下一個項目，接下來的英語面試、才藝展示和選秀大同小異，這些穿著筆挺西裝與套裝的叔叔阿姨都露出滿意微笑。回家不久之後我便接獲入選消息，可以開始選填國家志願。

選單上列出的國家，除了美國和一些亞洲國家，其他對我來說都非常陌生，有的充其量是地理課本上出現過的生硬名詞：墨西哥、巴西、厄瓜多、加拿大、芬蘭……等，還得看一遍地圖才能想起在哪個位置，瑞士和瑞典也傻傻分不清。媽媽率先提出建議：「法國啦！很浪漫、優雅、有生活情調，以後搞不好會有生意往來……」阿嬤則持反對意見：「法國好嗎？他們都在大庭廣眾下親親耶！」「媽你不懂啦！選南美有更好嗎？很多毒梟耶！」聽著她們喋喋不休地辯論，我倒沒什麼意見，只是歐洲在地圖上看起來離台灣滿遠的，所以我填上志願：「法國就法國吧！有巴黎鐵塔呢！」就這麼決定高中畢業後要休學去法國一年。

交換計畫定案不久後，迎來升大學的學測與術科大考，這時媽媽已無力插手管我讀書，因為她自己也看不懂何謂「之乎者也」，唯一不變是養成習慣地嚷嚷

「去練琴」，多年訓練之下，我早就可以左耳進右耳出，對於升學考媽媽只丟了一句：「要嘛考上師大，不然就留在台中讀書吧！」輕輕鬆鬆的一句話，對我卻有著五雷轟頂的威力，換句話說便是：「沒上第一志願，你就留在我身邊吧！」「開什麼玩笑？拚死我都得逃離你的魔掌！」我內心害怕地尖聲叫喊，抱著這樣的心情開始認真向上，雖然在跟王老師說目標時他並不看好：「哎呀！你都不練琴，這樣如果上得了師大，我頭就剁下來給你！」重重難關擺在眼前，好在皇天終究不負苦心人，上天也同情我的遭遇，隨著考後成績公布上師大，也宣告長達十八年大逃殺時代的結束，時代眼淚下我終於逃脫成功，對我來說是活到現在最大勝利，終於有機會可以離鄉背井，不用被困在媽媽的一方囹圄中。

不論如何，我將暫時把這一切撇在身後，迎接逃離計畫之我的交換生涯。

法國，我來了！

生命自然會往想要的方向行駛。

去哪都好，

不要在虎媽身邊最好。

與媽媽的追逐戰，一開始是被媽媽追著跑，
我喘得好像隨時會倒下昏厥，
但堅持下來後，無形中倒是收穫了不少經驗，
就這麼跑著跑著，終於可以跑離媽媽了。

Story 3

Bonjour
日安，法國

3-1

再見！我最親愛的魔王虎媽

來到這世界的十八年，我的第一次歐洲壯遊就是為期一年的交換學生，巴黎、凱旋門、羅浮宮、香榭大道……這些在曾經地理課本上的油墨，將成為我的目的地。抵達桃園機場的出關口，迫不及待地和媽媽道別，「咪雅啊……」媽媽抱住我，原以為她要說些感人的話語，只聽見耳邊語重心長的叮囑：「我還不想當阿嬤，不准懷孕！」果真是居安思危的虎媽，「知道啦！」我揮揮衣袖，頭也不回地快步出關。第一次單獨出國，我非但不緊張還……超！級！興！奮！眼前的事物都鍍上一層自由光輝。

回想起通過交換學生甄選後數個月，我拿到了寄宿家庭文件。撐飽的牛皮紙袋沉甸甸地，我興奮地和媽媽一起打開，一疊厚厚的黑白資料是我未來一年的命運。「哇，你的寄宿家庭長得像黑手黨！你看這個鷹鉤鼻！」媽媽搶先拿起翻閱：「原來法國人真的長這樣啊！這個長得像007特務，這個很像哈利波特裡的人……」她繼續興致勃勃地說著：「長得很歐洲耶！」「廢話，人家就是歐洲人呀！」我在心中翻白眼，搶回資料細看寄宿家庭的證件照，但看了一會兒的感想……還真如媽媽所說，一個個鼻子高高、眼睛大大，我服氣地說：「真的長得很像歐洲人。」收到資料後，我上了兩堂法文家教，還未學到皮毛，便已經到了出發日期，抱持著「天下沒有比虎媽更可怕的事物」的信念，我勇氣滿滿地踏上旅程。

經由荷蘭轉機，抵達法國巴黎戴高樂機場，歷時十幾個小時的航程，我在下了飛機的那一刻深吸了一口氣……嗯……有點陌生、有點雀躍、十分自由，原來這就是離鄉背井到國外放飛自我的感覺？Bonjour～～法國！我的虎媽終於不在身邊，我要展開新的人生！MERCI！帶著輕盈的腳步，我要出去與我的寄宿家庭見面！各位讀者，到此我已經秀了我最精通的兩個法文單字，Bonjour（你好）、Merci（謝謝）……除此之外我還會說Oui（是）、Non（否），以及一句

Je Suis Mia（我是咪雅），其他語言的不足，我相信可以用英文來彌補。

穿上屬於交換學生的藍色西裝外套，拖著粉紅色特大號行李箱，身後背著琴盒，在清一深色的歐洲旅客中特別顯眼。來之前和第一個寄宿家庭通過郵件，他們在郵件裡說會在機場見，但我左看右看，就是沒找著他們的身影。接機大廳十分吵雜，一片沙沙糊糊的交談聲，如浪潮般向我襲來，看著人們嘴唇開開合合，卻一句都聽不懂，只覺得這邊的人喉嚨裡好多痰，看似都得了重病。「咪雅？」一聲叫喚中斷了我的慌亂，抬眼一看，是一位中年法國男性，中等身材、戴眼鏡、身穿藍色夾克、頭髮茂密……最後一個特徵，不符合家庭寄來爸爸的照片。我疑惑地應聲：「Yes……？」他微笑：「Rotary! Come. Bus is waiting.」（扶輪社！來，巴士在等）藍衣男子一手拿走我的行李，大步向外走去，雖然媽媽有交代：「絕對不能跟著陌生人走！」但此時此刻我別無選擇，連忙追上。走出航站大廈的那刻，抬頭看到淡藍色的天空，棉花糖般的雲朵似乎伸手可及，陽光溫柔地擁抱我，我心裏打了招呼：「Bonjour！日安！」正式和法國見面。

當我跟著藍衣男子走到停車場，已經有一群人聚集正熱絡地聊著天，有的人與我穿著同樣的交換外套，身旁拿著大行李，其他人一身本地人的輕便裝扮，看來是與寄宿家庭的相見歡。我心中的期待指數節節攀高，正思索著如何給人深刻印象的初見面，藍衣男子卻把我帶到眼前這位頭髮稀疏的老先生面前，「Hi! You are Mia? Welcome! Bus will take you to Rennes!」（你是咪雅？歡迎！遊覽車會帶你去雷恩！）他和藹地打招呼，但我快速回想後，確信未曾在交換資料中看過他的臉，我滿腹疑惑地回道：「Yes,I thought my host family will come……」（我以為我的寄宿家庭會來）「Host? Oh no no! we take you to Rennes!」（寄宿家庭？不、不！我們帶你去雷恩！）打斷我的話，老先生領我走上一旁停靠的遊覽車。車上已有不同膚色、不同神色的青少年們，有的一臉疲憊無奈，有的興致勃勃地望著窗外，唯一的共同點是大家似乎早就知道會搭乘遊覽車。

一個小時後，遊覽車陸續裝載完交換學生，藍衣男回到車上，用不太流利的英語介紹自己和灰衣男，我這才知道他們都是地區主委，今天負責來機場接送世界各地飛來的交換學生們。沒想到還沒見面就被寄宿家庭擺了一道，電子郵件中明明說「二十四小時後機場見」。搖搖頭，我安慰自己，寄宿家庭大概也是「有事無法趕到」。

從機場停車場行駛到公路的路上，紅綠燈屈指可數、也沒有交岔路口，取而代之的是數不清的圓環，看著車子繞啊繞，心情也跟著轉啊轉。想到選擇來法國的決定也是參考媽媽的意見，自己對法國其實沒有太大的憧憬，所有的印象是歷史課本上的圖示，不過既然都飛到巴黎的機場，肯定會看到巴黎鐵塔，來前還向所有朋友們炫耀會拍張鐵塔合影，沒想到看著窗外的景色越覺得不對勁，盡是一望無幾的樹林及平原，沒有任何古蹟及城市建築，才發現車子早已駛離巴黎，一出機場便直奔目的地——西北法的布列塔尼地區。失望過後愁緒漸升，明明成為自由之身，心裡卻有不踏實的感覺，總覺得下飛機到現在，一切都不在掌控中，任人擺佈，而且少了媽媽的碎念，雖然耳根清淨，精神上卻好像空了一塊角落，難道我得了斯德哥爾摩症，居然有點想念媽媽？甩開這可怕的想法看向窗外，仍是一成不變的大自然景色，巴黎到雷恩車程約四小時，好在同車的全是交換學生，「哈囉，我從德國來，你呢？」坐在後方的女孩伸頭問我，一旁的墨西哥男孩也跟著搭話，相同境遇的青少年們，很快便熟稔起來，嘰嘰喳喳地消磨長途車程。

「我學法文三年了，在高中選修法文。」德國女孩說。

「我只有學一年，特別去找老師學。」墨西哥男孩說。

「我……我也學了兩堂課。」我說。

「這樣你會講嗎!?」兩人一口同聲地問。

「應該會吧？」我心虛地回答。

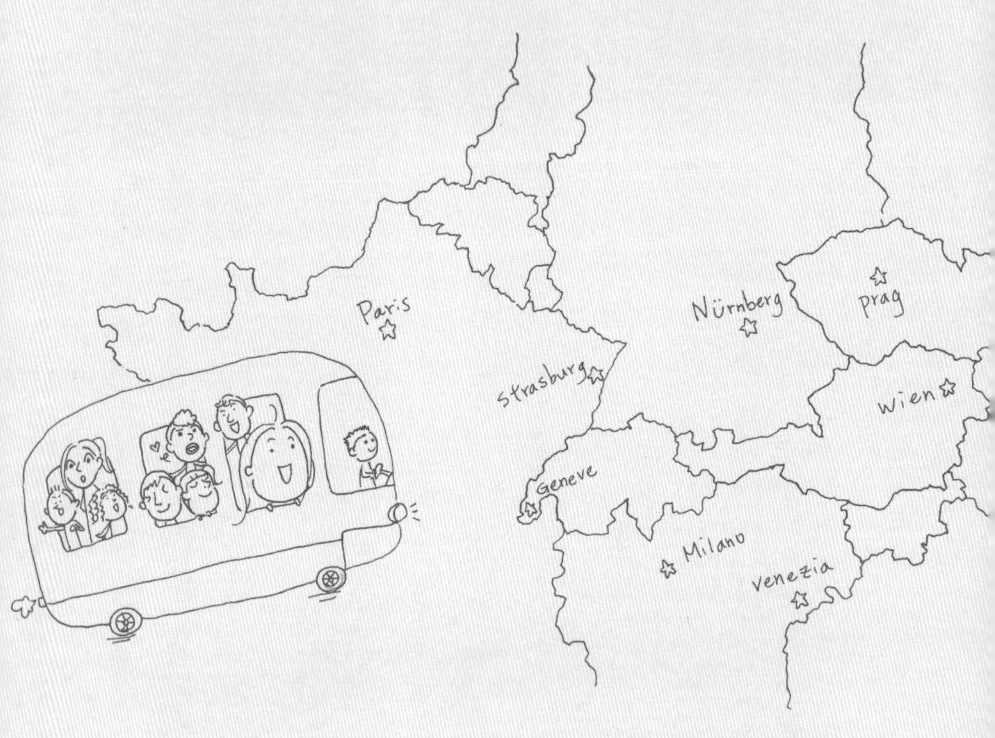

嘰嘰呱呱，一群交換學生抵達歐洲展開旅程。

3-2

入住西北法照騙別墅

經過布列塔尼區的告示後，遊覽車一一把學生送到目的地，我所屬的城市排程在前，當老先生主委叫到我的名字時，我看到車上剩餘的交換學生們露出羨慕的神情，「下次見！」揮別車程中認識的朋友們，興奮之情隨著踏下遊覽車階梯激升，方才看見先行下車的交換學生們，有寄宿家庭拿著氣球及告示牌歡迎到來，心中期待自己的也是如此。但下車後，空蕩蕩的停車場只有一個男子，站在一台休旅車前，手邊沒有任何迎接的氣球或立牌。男子有著瘦削的臉頰，頂上稀疏，挺拔的鼻梁上是副無框眼鏡，穿著遮掩不住微凸肚腩的黑色風衣、燙出線條的卡其色長褲與啞光皮鞋，雙臂交叉在胸前。兩人對看了一會兒，「咪雅？」男子率先發話，電光石火間，我的腦子認出眼前的男子，連上郵件中的照片人物，這人是我的寄宿家庭爸爸——易爸（Yvonnique）！我趕緊扯出嘴角的大微笑打招呼：「嗨，歪─佛─尼─克？」刻意放慢語速就怕念錯。易爸笑了笑：「易─佛─尼─克。」沒想到初次見面就念錯人家名字，我尷尬地覆誦，還好易爸並不在意，嘴邊掛起微笑走過來和主委寒暄，他笑起來像個好爸爸，完全沒有照片給人的黑手黨嚴肅感。

我在為唸錯懊惱的同時，易爸已卸下我的行李，遊覽車毫不留戀地掉頭離去，看著行李被塞進後車廂，就像我這麼闖進了法國，還來不及建構對未來的想像，時間卻迫不及待地踹著我衝出框架，跳進名為命運的滾滾洪流，哪怕嗆得流淚不止，水深得不見五指，也要義無反顧地向前浪跡。

開車回寄宿家庭的路上，發現停車場不遠處有個機場，原來易爸之前寄的郵件，指的是會來「雷恩機場」接我，而非「巴黎機場」，這種的情況倘若發生在我和媽媽之間早就引爆衝突的炸彈，可是隻身在外畢竟不像在家般熟悉環境，我默默地把本來還想抱怨一番的言語吞回腹中。

「Comment s'est passé ton voyage?」（你的旅程如何呢？）大概是看我欲言又

止以為我想開啟話題，易爸開口便說了一串法文，在我聽來是一句尾音上揚的咕嚕咕嚕聲，雖然猜得到是一個問句，卻是不具意義的問句，我一臉茫然地看著他：「啊？」，結果他又重複了一遍，還特別放慢語速。我用英語說：「抱歉……」之前通信時就有提到我不太會法文，但易爸微露吃驚表情，似乎沒有料到是這般「不太會」，不過他馬上轉用英文交談：「旅程都還好嗎？」「噢……很好！」「肯定很累吧，這麼遠！」「還可以啦！」「那就好，我的老婆正在家等你呢！」他的英文是一種奇怪的含糊腔調，大概是法式口音造成的，所以很多語句我都得聽到第二次才聽得懂，雖然對他的口音有些微地不適應，不過交談間逐漸安撫我對未知的緊張感。

我來法國前，易爸很貼心地在郵件中附上他家的照片，不過照片中只拍到一面白牆和一排欄杆，所以我除了知道那是一棟平房，並沒有多餘的資訊，對於要住上四個月的房屋沒有期待，逃離媽媽的第一個避難所，只要能遮風避雨都是好房子。車子開上半刻鐘，進到一個社區般的區域，窗外景色從一路的大片樹林，變成精心修剪過的樹叢，接著出現大片平整的草皮，甚至還有小湖、小山坡，然後路旁開始出現一棟棟獨立的別墅，我開始在腦中重新組合，我曾經以為的「平房」。終於，易爸停下車：「到囉！」下車那刻，我不禁讚嘆易爸拍照技術實在拙劣，眼前雖然也有照片上的白牆、圍籬及平房，但實際情況和照片中淒涼的房屋是全然不同的世界，照片中只有拍到停車場的牆面，超出照片範圍的是被花園圍繞著的兩層樓房，美麗的繡球花正盛開，柵欄後方有一條紅磚路，路的盡頭是一扇古典的實木大門。

打開大門，映入眼簾的是一片美麗的湖景，「哇……」我瞠目結舌於眼前的景色，原來我要入住的是湖濱別墅，而非照騙裡的普通平房。傍晚天空染上橘色的晚霞，復古的實木傢俱在暮光之下更增風味，入口的大理石地板，用地毯巧妙地無縫接軌客廳的木頭地板。「Bonjour! Mia!」（日安，咪雅！）一名金色短髮戴著眼鏡的女人出現在我眼前，是寄宿家庭的媽媽易媽（Michelle），先是和老公擁抱親了兩下，然後指引我到房間擱下行李，她似乎不太會講英文，以法語和手勢夾雜，大略說明房間的設備：浴室在房裡、廁所在房門外……還沒認真看清房間的樣子，她又要我跟著她走，經過客廳廊道時，我看見落地窗外人影閃動，廚房的流理台上擺著許多食材及盤子，撲鼻的香味從烤箱散出，易媽拉開廚房旁的玻璃門，原來是門後便是連接湖的後花園，在露台上有人們圍成小圈圈在交談著，其中也看到易爸，「Mia elle est là.」（咪雅在那）易媽的發話終止原本熱鬧的交談聲，一群人的視線齊刷刷地轉向我，「嗨！」我露出八顆牙齒的標準笑容，試圖讓自己不要那麼像動物園裡的動物，被充滿好奇的眼光細細觀察。

獨自跳進命運滾滾洪流的我，
濺起的第一場浪花是新奇的、美麗的，
猶自沉浸於喜悅中，
卻不知道浪花其實是無數暗礁所創造出來的美景。

3-3

第一晚的異鄉世界

「Bonjour! Mia!」（你好！咪雅！）還沒看清楚他們的臉，一個棕髮女人已經靠近我，嘴唇猛地貼上我的臉頰，「啾、啾」左右臉頰旁各別啾了一下：「我是馬媽（Martine）.」受到非禮的我沒回過神，緊接著站在一旁男人的臉也在我眼前放大，接著下一個女人、旁邊的弟弟……一輪的瘋狂啾啾過後，我才發現到眼前全是我在法國這一年，三個要接待我的寄宿家庭成員：第一個家庭的易爸、易媽；第二個家庭的多爸（Dominique）、多媽（Catherine）；第三個家庭的馬爸（Marc）、馬媽和兒子賈克（Jaque）。今天他們居然為了迎接我而全部聚在一起，對於自己稍早內心錯怪的抱怨也感到不好意思。法國微涼的九月才開始，今晚戶外卻像自帶了暖氣般，心底暖和和的。

沒想到一到法國就能直接參與道地的聚會，還是為我而辦的接風宴，和每個人都打過招呼後，易媽示意我趕緊吃些食物，戶外的圓桌已擺滿各種手工小點：熱狗酥皮捲、鹹味培根小泡芙、各式烤餅乾……等等，先拿起一個紅綠碎塊的小杯子要我吃吃看，入口是蔬果清新與醋的酸甜，交織在一起刺激味蕾後，我的肚子發出一聲「咕嚕」，才發現鬆懈緊繃狀態的自己早已飢腸轆轆。接著又嚐了一個小泡芙，哇！真是人間美味，和媽媽做的東西相比根本天壤之別。一口一個小點吃得正興起，易爸叫住我，他遞來一杯香檳後率先舉杯：「Bienvenue en France, Mia!」（歡迎來到法國，咪雅！）眾人紛紛應和歡迎我，歡樂的氣氛下，我原先的擔憂早已拋諸腦後，酒杯裡金黃色的氣泡輝映著如夢似幻的世界。

小點和香檳不過是盛宴的開場，舉杯後大家移動到一旁餐桌，入席後前方擺放花色一致的兩層盤子，左右各兩排刀叉，盤子前方還有一支小湯匙，沒想到法國人在家也這麼講究。刀叉使用的順序是由外而內，第一個盤子上擺放前菜——法國麵包與肉凍，置換後使用第二個盤子裝主菜——小羔羊排，還未品嚐主菜，我已開始後悔剛剛吃下太多小點，還好大家都不趕時間地邊吃飯邊聊天。寄宿家庭的先生們，有兩人職業是律師、一位是商人，資料都寫著精通英文，可是開始聊天後，我越發覺得他們的英文程度不太好，當商人先生用英文問我：「Have you been to Paris?」（有沒有去過巴黎）我居然聽不懂問題，因為法語的R不發音，所以Paris（巴黎）的英文，在他有口音的唸法下聽起來像「趴一」，直到他講第五次我才理解意思，而太太們似乎更不常講英文，尤其是坐在我身旁的易媽，只聽得懂最淺顯的字彙，跟我解釋菜餚時特別費勁地比手畫腳，看來住在他家這四個月有得抗戰了。

燈光美、氣氛佳的戶外晚餐，酒酣耳熱之際，時差也開始襲擊，剛上桌的甜點布丁Q彈地抖動，我不自覺地跟著布丁的頻率點頭。「咪雅？」易媽的聲音拯救我差點埋進布丁的臉蛋，我猛地抬起頭：「……啊！對了！」突然想起出門前媽媽的叮囑：「禮多人不怪，到達時記得分送伴手禮。」趕緊回房間從行李翻出數盒鳳梨酥，一一裝袋分送給每個寄宿家庭，不愧是老謀深算的媽媽，大家收到都很開心，我還因此學會鳳梨的法文「Ananas」，聽起來像「阿娜娜」。瞄了鐘面上時針已指向十，長途旅行的疲憊湧上，易媽看穿我的心思，開口和大家說我應該要先去休息。「Bon nuit!」（晚安）大家又是一番親親臉頰地向我道晚安，讓我離席回房。

回房稍做洗漱後，這才有時間看清這間位在房子一樓角落的臥房：雙人床鋪著歐風繡面床單，床的右邊有張小桌子，上頭的小花瓶還插著一朵小花，緊鄰的是厚實的窗簾，藏青底色搭配金色花紋，而面對床的牆面擺放一架直立式的鋼琴，每樣物品都有飽滿的色彩及紋路，組合在一起卻毫不違和，反而相得益彰地創造舒適、典雅溫馨的氛圍。跌進柔軟的床鋪中，回想一整天的旅程，自己就這麼入住陌生人家中，還是在法國！第一次要獨自面對世界，建立屬於自己的人際關係，沒有媽媽雖然很開心，可感覺卻有點不踏實，或許是長久地禁錮，反倒在脫離牢籠後有不安全感。法國寄宿家庭為我所辦的歡迎招待已超乎想像的美好，他們看起來都非常和善，雖然語言可能會是個問題，但應該沒問題……想著想著就偏了，開始幻想法國周公的面貌，會不會穿絲襪與精緻刺繡鞋呢？是不是會在宮廷舞宴中旋轉跳華爾滋？胡思亂想之際，我好像真的看到一雙寶石的鞋尖在眼前跳動，但還未看到來人的臉龐，便朦朧地墜入夢鄉。

法國的周公？

famille d'accueil 寄宿家庭

1.

易爸
Yvonnique

易媽
Michelle

女兒 歐姐
Audrey

兒子 葛哥
Gregoire

2.

多爸
Dominique

多媽
Catherine

女兒 露西
Lucie

3.

馬爸
Marc

馬媽
Martine

兒子 賈克
Jaque

Story 4

在法國戰鬥吧，
女孩！

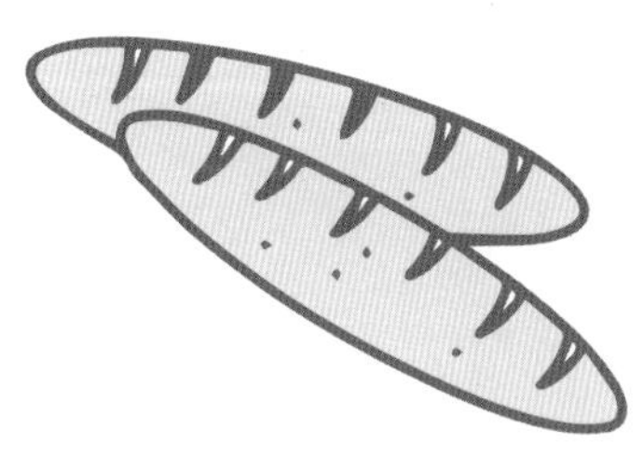

4-1 第一個法式早晨

時差一早惡狠狠地撐開我的雙眼，掙扎了一會兒從床上坐起時，入眼的布置讓我分不清是否已離開夢境，花了些時間才想起自己已在法國。我位在一樓角落的房間像遺世獨立的一隅，靜謐的氛圍中隱隱有鳥叫聲點綴，拉開厚實的窗簾，大地正在甦醒，淡青色的雲霧中微透晨曦的明亮，尋找聲音來源，原來是窗子正前方那棵健壯的蘋果樹上，數隻鳥兒嘰嘰喳喳準備晨會。我曾在博物館裡看過相似的油畫，但我眼前優雅舒展身軀的法式風情簡直十倍的迷人。

九月的法國與台灣的時差是六小時（十月底應用冬季日光節約時間，與台灣的時差就會變成七個小時），換算現在大約是台灣下午一點，還是得跟媽媽報平安。一接通網路電話，媽媽劈頭就說：「你怎麼到現在才打給我，不是說到了要馬上打嗎?!」「我昨天路途遠，太累了，抱歉。」說也奇怪，在遠距離的稀釋下，之前最厭惡的命令式語氣讓我感受到的殺傷力也銳減，我反而能心平氣和地做出回應，「好吧！你好好照顧自己，我先去工作了！」媽媽結束短暫的通話。走出房間，早晨的陽光正從落地窗走進客廳，從容地倚在木製傢俱上，讓整個空間的優雅氣質更上一層，比起昨日暮光下的沉穩，多上一分陽光活力。

「Bonjour, Mia.」易媽穿著浴袍，水珠還沿著頭髮滴落，從二樓走下來「Bonjour!」互道早安後，我跟著她走進廚房準備早餐，「Café ou tea?」（咖啡或茶？）易媽的問句聽起來像「咖福貼」，昨晚的窘境再度上演，她重複數遍我才猜懂，不禁埋怨自己來前的無知，以至於法文程度低落。易媽充當法文老師，好似教出樂趣，我邊吃早餐、她邊指著桌上物品一一念著法文名字。我心中不禁嘆息學海無涯，才剛經歷大學升學考沒多久，來法國又再度歸零重新學習，看來這情況會持續好一陣子。

這時易爸穿著襯衫、提著公事包下樓，整個人明顯地剛梳洗過。法國人習慣在早上洗澡，與我習慣的晚上洗澡不同，易爸說因為這樣才能神清氣爽迎接新的一天。雖然他身上也有噴上古龍水，反正是破除「法國人不洗澡只噴香水」的謠言。

一日之計在於晨，台灣的早餐種類繁複、鹹甜任選，每每都得難以抉擇。法國人的早餐卻是相當簡單，今天桌上便是：一盒奶油、一瓶果醬和長棍麵包，乍看覺得如媽媽的手藝般乏味，且一看到長棍麵包，其實心裡有些抗拒，因為在台灣潮濕環境下，長棍麵包總是堅韌無比。但這次我一口咬下，卻大大改觀；不僅酥脆，咀嚼還會散發濃濃麥香……這是長棍嗎？難怪法國人這麼愛吃！一旁的奶油和果醬也暗藏玄機，玻璃盒裝的奶油是布列塔尼區域特產的鹹奶油，特色是吃得到一顆一顆的鹽粒，果醬也是易媽親手自製，裡頭吃得到滿滿的無花果果肉，細節成就完美，原來這麼簡單的組合也可以如此美味。

除了外表低調內涵豐富的早餐令我驚豔，易爸吃早餐的習慣也讓我大開眼界，他喝咖啡用大碗盛，還把長棍當油條吃。他說的「經典吃法」是把長棍抹上一層厚厚的奶油，再塗一層厚厚的果醬，然後直直地戳進裝著黑咖啡的大碗裡，沾一口、咬一口，最後捧起浮著油沫的咖啡，咕嚕咕嚕地喝個碗底朝天。看他心滿意足的神情，我猶自消化小小文化衝擊。之後的早餐時光，他偶爾還會搭配卡彭貝爾起司——一種法國特產的白色外皮、口感綿密但風味濃厚的軟起司。我總覺得難以適應，一早就這麼重口味，另外，他出門前定要和妻子深情一吻，隔著幾呎的距離我都還感受到熏人的起司鹹香。

第一個寄宿家庭，
易爸（Yvonnique）、易媽（Michelle）

4-2

法文抗戰的開始

自由生活跟隨法國人的日常揭開序幕。來法國的第一個禮拜不需要上學，由易媽開著她的白色迷你奧斯丁帶我熟悉環境。在車上聊天時，得知她除了是賢慧的家庭主婦，還是易爸的公司助理，不過是自己老公的助理的關係，所以時間比較彈性。在她的介紹下知道現在居住的小鎮叫布魯茲（Bruz），位於大城雷恩（Rennes）西南方，開車到雷恩約半小時，從住家社區走到附近唯一的公車站約十五分，因為這是以住宅為主的小鎮，除了公車站附近有一些店家，方圓幾里都只有樹林，真正的好山、好水……好無聊。

易媽帶我熟悉環境的第一站是超市，大大藍色招牌上寫著「家樂福」，我這才知道家樂福是法國品牌。逛超市聽起來很平常，對我來說卻充滿樂趣，因為在台灣總忙著學習，加上媽媽根本不會做飯，能逛超市的機會不多。而且對於法文大字不識幾個的我，超市就像一本單字書，可以學習各項民生基本配備的法文單詞。而且法國家樂福的商品出奇地多，各種醃漬黃瓜、鯷魚罐頭，甚至鵝肝罐頭都有販售，奶酪區更是豐富，堆滿奇形怪狀的起司、琳瑯滿目的優格品牌、還有數不清的奶油品項。「南法吃橄欖油，北法吃奶油，而我們西北法布列塔尼區域就是奶油的產區，所以我們對吃的奶油很堅持。」易媽解釋，我已習慣與她的溝通方式：50%的比手畫腳、50%法英語夾雜的互相猜測，但她很有耐心，會不厭其煩地複唸單詞直到我理解。跟著易媽補貨的同時吸收很多知識，比如學到Yaourt（優格）唸作「鴨屋」、Pain（麵包）唸起來跟台語讀音「胖」一模一樣，還學會分辨杏桃和桃子的不同。

逛完超市，我們造訪了鎮上唯一麵包坊，不像台灣常見的台式、日式麵包店，這兒沒有鬆軟的蔥麵包、紅豆麵包或菠蘿麵包，也沒有透明塑膠袋的包裝。一進門，身穿白色圍裙的店員會拿著麵包刀詢問想要哪種麵包，然後從身後木架上取下，依照客人想要的分量切下，用紙捲包裹售出。這邊的麵包巨大而結實，有的甚至要店員用力才抬得下來，不過麵包是法國人的生活必需品，排在隊伍前那位婦人甚至不要切片，直接帶回一塊五公斤的麵包。易媽只買了兩支長棍麵包，一支一塊歐元，店員包裹得很隨意，用紙一捲，長棍一半的身軀還裸露在外，但易媽完全不在意，直接把長棍麵包丟在車後座，任由麵包外皮與車座親密接觸，「原來這就是好吃的祕方……」我在心裡記下這個訣竅。

由易媽帶領著熟悉環境第一天，充實行程早已讓我餓得咕嚕咕嚕叫。「Qu'est que tu veux manger?」（你要吃什麼？）易媽指著肚子問我，我迫不及待回答：「Everything!」（全部）結果得到疑惑的眼神，我繼續嘗試用簡單英文單詞說：「Chicken? Pork?」（雞？豬？）她還是聽不懂。慘了！我好餓！但是連自己要吃什麼都不會說，糾結的同時，只見她雙手各伸出一個手指放在頭頂，腳開始往後蹬，嘴裡唸著：「哞～～」一個優雅的法國女人，居然開始學起各種動物來理解我想要吃什麼，再來又把雙手夾在腋下舞動著，鼓著嘴叫著：「呱呱呱」，她比手畫腳老半天後，我們在大笑中定案喊著吃「撲雷」——法文「Poulet」（雞）。

觀摩易媽的廚藝也成為我生活一大樂趣，貴婦做事非常有條理，總能用短時間燒製出一道道佳餚，同樣以肉與飯當食材，以白酒奶油醬雞排佐米飯的形式登場，三十分鐘的烹煮時間還同時製作酸黃瓜章魚沙拉與法式可麗餅。雖然都是在西餐廳才會看見的佳餚，其實步驟不繁複，不像中菜會炸完再煮或煮完裹粉再炸，她大多煎完、煮完然後淋上醬汁就上桌，忠於食材原味，不過度烹煮。

吃完飯我殷勤地拿碗盤去清洗，沒想到被易媽一手阻攔，打開一旁流理台下的洗碗機。原來因為法國人習慣用餐有繁瑣的碗盤，所以家中必備洗碗機，吃完飯只要動動手指便可以清潔溜溜，難怪易媽可以優雅地帶著數只戒指也不嫌麻煩。偌大的家打掃得一塵不染，連洗碗機內的杯碗瓢盆也有順序之分，必須有條不紊排好間隔。跟著易媽生活的一個禮拜，生活方式同時也被訓練，很多在台灣當公主時置之不理的事情：煮飯、收拾、布置、打掃，到了法國變成生活不可或缺的一環，自由似乎還是有些代價。

數次溝通未果，易媽覺得我法文程度實在堪憂，決定用黃色便條紙寫上法文，提醒我物品的名稱，結果小從水果籃裡的每樣水果，大到家電用品如冰箱、洗衣機，通通被貼上查封般的便條紙，易爸到家時還驚呼：「Oh-la-la——」（法語經典驚嘆詞）硬是愣了一會兒才接受家裡的新布置。凡事起頭難，學習法文首先面對的是有陰陽之分的名詞，如果本體看得出陰陽之分還算簡單，像男人、女人，可是無性的物品分陰陽，著實讓我毫無頭緒，像書是陽性、書架是陰性、刀子是陽性、叉子是陰性……再來是有六種變位的動詞，舉例來說動詞「Aller」（前往）因人稱不同：我、你、他、我們、你們、他們，會依序變成vais、vas、va、allons、allez、vont。紙上作業已夠複雜，要聽得懂對話更是頭疼。法文常給人糊成一片的印象，源自於很多字尾不發音之外，他們還會將字連在一起，比如說Je Adore（我喜歡）原來分開是唸是「覺，啊多赫」，她們會合起來唸成J'adore「賈多赫」，還好憑藉學音樂靈敏的耳朵並用記憶將聲音做區分。在易媽的細心與耐心照顧下，適應一切比預期中還要容易順利。

優雅的易媽為了和我溝通而使出洪荒之力。

4-3 雷恩 Rennes

因為銀行開戶得去去城市裡特定的門市辦理，乘著易媽小巧的敞篷車，我第一次踏進雷恩。第一眼只覺得這個城市好白，白色的地磚、白色的建築物，原以為歐洲應該都是歷史悠久的木造古蹟和大教堂，但雷恩看起來相當新穎。開進市中心像是繞圈圈，明明有路卻無法直行，因為市中心有交通與停車管制，為了保留路面給行人和商店使用，所以地面上有許多升降的矮柱，阻隔未經申請的車輛進入。因此也不像台灣去銀行，車子可以停在正門口的便利性，我們在市中心停完車，還得走上一段路才到目的地。

去銀行的路上，易媽繼美味無比的廚藝之後，又展現令我佩服的技能。她穿著細跟高跟鞋，在縫隙堪比手臂粗細的石板地上，輕盈地行走跳躍，結果無可避免地讓縫隙吞噬鞋跟。「oh - la - la——」易媽驚呼一聲。我正要蹲下幫她解決困境，沒想到她習以為常地使力一扭，鞋跟便重見天日。好吧！解除危機也可以這麼有風情，我還真服了這個法國女人。

辦完正事，易媽提議一起去喝杯咖啡，跟著她走過幾個街口後，一旁的建築風格忽然改變，不再是磚瓦石造的建築，變成顏色繽紛的古老房屋。像走進格林童話中，房子露出有歲月痕跡的結構木條，有的漆成綠色，有的漆成紅色，集結在一塊兒的房屋繽紛無比。「之前有場大火，燒掉大部分的木造房屋，所剩下的就只有舊城這區，全部都是要珍惜的古蹟呢！」易媽解釋。怪不得才隔幾條街，卻有截然不同的風景。

午後時光，舊城區的咖啡店紛紛在陽光下擺放戶外座椅，明明是日間時光卻也人聲鼎沸，有上班族、有年輕的學子，人們啜著咖啡、果汁、啤酒，街角處傳來吉他撥奏聲，街頭藝人正賣力地演出，喝咖啡、聊是非，這大概是法國人不可或缺的生活吧！

身上還留有夏日度假曬痕的易媽毫不猶豫選擇室外的位置，她說她喜歡把自己曬成健康膚色，我則在她享受太陽的同時，努力縮身於陽傘下的陰影，我根本沒想像過曬成古銅色的自己，更別論去執行。另外牴觸我原有習慣的是，就算下午的太陽再烈，她還是選擇喝熱咖啡，「冰咖啡？那才不是咖啡，我們不喝那種東西，咖啡我們只喝熱的。」易媽說。左看右看菜單上也沒有冰咖啡的選項，於是我入境隨俗地跟著點上一杯「Café」。「Excusez-moi」（借過）服務員很快返回，送上兩只盛著深褐色液體的迷你杯，都只有一口的容量。原來在法國咖啡館點咖啡，通常不是黑咖啡，而是這種濃縮咖啡，有甘醇的特性，卻相當強烈。看易媽津津有味地品著，我也試著啜一口，馬上被咖啡的酸澀及苦味嗆得臉皺成一團，但之後慢慢在口腔回甘的香氣，讓人忍不住又拿起咖啡杯，再來一口。一杯濃縮咖啡配著古城的風景，我好像嘗到成熟的風味。

深入法國人的日常生活，逐一拼湊我印象中浪漫的「法式風情」。
在雷恩古城街道喝咖啡，品嚐苦中帶有濃郁可可味的 expresso，
跟著法國人搶戶外雅座曬太陽，對他們來說平凡的事情，
卻被我冠上「慵懶情調」的頭銜，過完一年後，我會不會跟著被同化了呢？

4-4

同爲媽媽兩樣情

俗話說：「女人要出得了廳堂，進得了廚房。」易媽在我眼中是詮釋這句話的典範。她有一套自己的穿著風格，在簡單搭配中加入自己的個性，譬如說在襯衫搭牛仔褲時，配戴不同的項鍊手環；穿洋裝覺得太樸素就在脖子上別一條小絲巾，身上顏色不是最搶眼的，卻能讓人看出重點，穿出優雅氣質。她可以毫無違和地擦上紅色指甲油、在雙手間戴上十個戒指，最厲害的是，這雙華麗的手還能燒一桌好菜，照顧好大家的胃。

法國寄宿媽媽像貴婦，台灣媽媽仍像潑婦。一接通視訊，媽媽的嘮叨便排山倒海而來：「你過得怎麼樣？禮物都送人了嗎？手機辦了沒？吃得怎樣？睡得還好嗎？寄宿家庭人怎麼樣？每天都要打給我視訊！」「有有有，很好啊！菜很好吃、屋子很漂亮、大家人都很好！」我有一句沒一句地回著。「那就好啊！怕你過不慣法國的生活！」

摸摸吃撐的肚皮，怎麼可能水土不服？易媽做的食物超好吃，一個禮拜下來似乎還胖了，社區的生活也很悠哉，每天看著美景愜意地活著，我隨口回應：「媽別擔心，這個家庭住的社區還有專門的高爾夫球場呢！環境超漂亮，旁邊還有森林跟河道經過，而且我房間還有鋼琴呢！」話剛講出口就覺得不妙，果真下一秒，關鍵字觸發媽媽的敏感神經：「那你有沒有練琴？要練琴！找到小提琴教授了嗎？」網路的無遠弗屆，讓距離九千多公里的媽媽還是嘗試要操控我，「會啦會啦！等我先上學以後再去找！媽，有人在叫我了，先這樣囉，掰～～」不耐煩地掛掉電話，媽媽還是老樣子，隔著電話還是可以感覺到她的控制欲。來法國後一個星期的適應期很快地結束，法國高中生活也即將開始。

同樣燒得一手「好菜」的虎媽。　　時尚又優雅的易媽很擅長料理。

Story 5

「同學你好！三碗豬腳？」

5-1

貴族高中，走到跪足

「你在哪？為什麼還沒到學校？」電話那頭易爸責備的語氣，讓我十分委屈：「對不起，我快到了！」

事情是這樣的，今天是第一天上學日，早上七點我搭易爸的順風車去上學，他的律師事務所位在市中心的主要幹道，是車輛管制最嚴格的區域，所以他總是停在城市外圍停車場，再轉搭地鐵去市中心。「A ce soir!」（晚上見！）雷恩廣場上，與易爸分頭往目的地走去。前幾天來市中心還有預習去學校的路線：從公車匯集站的市中心廣場，我要往主街道的右邊走，經過一個公園、再經過幾條街，走個十五分就會到學校。

清晨的法國街道有些冷冽，地上石磚還凝著露水，空氣中瀰漫的不是油煙，而是是烤麵包的麥香與咖啡烘烤的豆香。整條街只有麵包坊營業，展示櫃裡擺出各式甜麵包：可頌、巧克力麵包、肉桂葡萄卷、餅乾……飄著熱氣勾引著行人，睡眼惺忪的學生、西裝筆挺的上班族無一不被擾亂步伐，一一前來帶上一顆。

獨自去學校路上，第一次覺得自己真的是「外國人」，黑髮、黃皮膚、穿著球鞋、揹著後背包、瀏海厚厚地在額前旁分夾了個黑毛夾，顯得特別突出。

路上行人越來越少，不知不覺錶上時針已走過八的數字，我還沒看到學校，只好開始攔人問路，但不是碰到上班族行色匆匆地搖手拒絕，就是遇到聽不懂英文的法國人。「Sorry, do you know saint-vincent?」（你知道聖凡森嗎？）好不容易攔截到一位法國老太太，她拄著拐杖拉著自己耳朵：「Pardon?」（抱歉？）我重複問題，老太太依舊一臉疑惑地搖搖頭：「Je ne comprend pas.」（我聽不懂）目送她慢慢離去，心裡有點著急，這時的手機卡沒有網路所以無法使用網路地圖，好不容易又逮著一個上班族女生，「Pardon, Je sais pas.」（抱歉我不知道）她冷漠否定後匆匆離開，我試著繼續向前走，突然在空曠的街道上，看到了一位同是黃皮膚、黑頭髮的男子，像是荒漠中的一抹綠，我追上去用英文詢問：「不好意思！你說中文嗎？」男子用中文回答：「會！怎麼了？」終於遇到停下腳步的人，我趕忙說明自己在尋找高中位置，「喔！你是在問聖凡森呀？我想應該是這個方向的，一直往前走。」男子指了指前方，說我往前走五分就會看到，我感激涕零地道謝，沒想到在異鄉說中文會這麼雀躍。續走十五分鐘後，終於看到一所學校，心裡才剛鬆一口氣，走近一看卻發現學校的名字叫「聖馬丁」，而非「聖凡森」，我看著時間著急起來，暗自埋怨自己聽到中文便隨意相信的行徑，還在慌忙找路的同時，接到易爸來電。

易爸並沒有因為我迷路而給予關心，還未等我解釋便丟下一句：「趕快去學校，到時給我簡訊。」那不悅的語氣使我滿腹委屈，畢竟迷路也不是我心甘情願，由於已經完全喪失方向，看公車站的地圖也沒有標示所在位置，只好走回市中心廣場從頭來過，冷靜想著當時易媽的指引，才發現自己完全反方向在繞路。

原來計畫要美美地在學校登場，開啟外國校園人生，結果第一天就脫軌演出，我在雷恩的街道上跑得大汗淋灕，引得路人側目，終於看到寫著「聖凡森」

的學校招牌。斑駁的赭紅色磚牆圍著白色建築和尖塔樣式的教堂，不像台灣學校有鐵窗，門口也沒有鐵柵欄的存在，一個光頭戴眼鏡的斯文男人正站在校門口，看我氣喘吁吁地接近。

「咪雅？」光頭男扶著眼鏡看我，就此稱呼他「阿光」吧，歷經波折旅途的我，抓住救命稻草般狂點頭，後來才知道阿光是行政老師，職責像學校教官，負責學生的出缺席。「你去哪了？我都找不到你！」阿光快步領我去上課教室，碎念著我的遲到。聖凡森是一所國高中綜合學校，同時容納六個年級的校園占地很廣，建築牆壁是白色的，紅色的斜尖屋頂，一樓有拱形的門廊，有的窗戶同樣也是拱形，整體建築長得像修道院。沿路爬上長長的階梯，經過草皮、籃球場、灰色石塊地、一棟校內教堂，才踏上平坦的走廊，我還沒來得及說上話，阿光便打開教室門催促我進入。正開始的課程因我的闖入中斷，一頭柔順金短頭髮的老師及一群外國學生們齊齊轉頭看我，整齊著裝的他們與狼狽的我大眼瞪小眼，最糟的第一印象大概就是如此，我理了理因汗水黏在額頭上的瀏海。

「大家好，我是咪雅，從台灣來，我今年十八歲。」簡短的自我介紹，同學們簡短地拍手，揭開校園生活序幕。第一堂課主要是處理開學事務，金髮老師在台上寫著白板，宣布一些新事項及課表，我坐在台下認真地觀察環境。聖凡森沒有制服，當台灣學生還在制服、運動服之間掙扎，這邊的學生已在拓展自己的品味與穿著喜好。男孩大致穿著襯衫、牛仔褲配皮鞋或布鞋，女孩比較多樣化，除了基本的襯衫加褲子，還有人穿著洋裝配涼鞋或絲質上衣加裙子和娃娃鞋。相比之下，我一整身鬆垮運動服加上跑步鞋，還揹著功能性的大後背包，比起同班女生們漂亮的側背包、同班男生們的丹寧後背包，我第一次在同年齡層間覺得格格不入，覺得自己打扮特別幼稚，全班就只有我的衣服上還有卡通人物，其他人都是素色的穿著。另一個讓我相形見絀的是筆記本，法國高中生上課時，不會在課本上做筆記，而是把老師教授內容以及發下的講義，收集起來裝在孔裝素面資料夾中，因為大多數的人課本都是和學校借用，而不是自己花錢購買。但第一天上學，我只有準備在台灣文具行買的筆記本，上頭還有青蛙的圖樣，拿出時特別孩子氣，側邊的男孩還多看了幾眼。

好在老師安排我坐在乖學生小諾（Noemie）的旁邊，圓圓的臉蛋、藍色的眼珠、戴著髮箍的耳下金短髮，成套的襯衫與背心，過膝七分裙下有白色長襪與淑女鞋，是標準的友善乖乖女。小諾的英文程度很好，她的主動攀談緩解我的陌生感，也幫助我適應環境：「剛剛那個是導師，負責教法文課跟班級集會。」第二堂課是法文課，反正都聽不懂，什麼課對我來說其實無差別，唯一能做的是安靜地、不打擾別人的觀察。

在法國上學後才知道在台灣教室擁有自己的座位是多麼方便的事情。法國學校沒有屬於自己的桌椅，教室也依照不同課程更換，有私人置物櫃但分散在遙遠的校園角落。下課不能在教室逗留，門外常有下一節課程的學生等待著。因此跑課成為我必須適應的一門技能，就算跟著同學也常常跟丟，因為班上同學還有分文組、理組與不同的外語選修，所以常常跑不同教室。像小諾雖然跟我同樣是文組，但她選修中文，所以在選修外語課時我們又得去不同教室。上上策是自己記課表找教室，但我的法文不好，常常看錯課表上寫的資訊，結果第一個星期我幾乎每節課都在遲到找教室。

午休時間不再有午睡規定，同學在中午鈴聲響起鳥獸散，和親近的人去食堂一起共進午餐，這短短的一個小時就可以看出一個人的人緣好不好，小諾在我這個外來者到來的第一天，小天使般地問：「要一起吃飯嗎？」「當然！」我點頭如搗蒜，還好沒有留我自己在教室孤單無措，我得趕快融入同學，適應法國高中生活。

反正考驗從不會在我準備好才出現，
既來之、則安之！

CRÊPRIE
好像走過了?

5-2 米其林學生餐廳

在聖凡森，每個學生都有一張電子感應卡，用來儲值學校的一切花費。台灣學校的營養午餐標配是四菜一湯，到這邊我重新定義了「營養午餐」。在重視吃食的法國，學校餐廳也不容馬乎。聖凡森的學校的食堂有兩間：一間是自助餐形式，開放式的大空間有普通高度的桌椅，拿個大托盤選取自己想要的餐點，再用儲值卡結帳即可。光是前菜就有五、六種選擇、主菜也有四種，一盤盤放在架上讓人取用，甚至有精美的擺盤裝飾，而甜點區有水果、布丁與蛋糕供選擇；另一間是快餐形式的食堂，供應的「垃圾食物」特別受學生歡迎，有熱壓帕尼尼、漢堡、三明治，以及汽水跟巧克力餅乾。

第一天來到自助餐食堂，嗶卡結帳是十一歐，我的托盤上有沙拉、肉醬馬鈴薯泥、巧克力蛋糕和一顆蘋果，小諾則拿了白醬雞肉、花椰菜和布丁。法國麵包在法國等於米飯在台灣的地位，是不可或缺的主食，學餐裡有無限供應的奶油與法國麵包，而法國同學們吃長棍麵包的習慣剛好和我互補，他們喜歡吃韌性十足、咬起來有麥香的麵包皮，而我只想吃內圈軟嫩的部分，餐廳角落還有烤麵包機可使用，法國麵包因為天氣乾燥的關係，總能保持酥脆的狀態，就算是學餐麵包我也吃得津津有味。「今天自助餐好難吃，只有蘋果好吃。」小諾聳肩抱怨餐廳平凡，一旁同學也附和，聽到這話的我覺得不可思議：「很難吃嗎？」沒想到我的問題引起廣大迴響，同學們各個像美食評論家，你一言我一語地討論起食物：「是啊！那個義大利麵體還可以，但是那醬汁……噁！」「我覺的巧克力慕斯還不錯，在舌頭上滿濃郁的。」「不過上次有吃到鵝肝醬滿不錯的！」一個同學的言論差點嗆著我，法國人連學校餐廳都如此講究。吃完飯回收餐盤時發現他們不回收廚餘，但有特別的布袋回收法國麵包，「麵包要回收給豬吃的」小諾解釋。原來法國豬不吃廚餘而吃法國麵包啊！真是高級，我心裡讚嘆著米其林的國度就是不一樣！

法國人從小這麼嘴刁，

真想讓他們試試魔王媽媽的暗黑料理。

5-3 傲慢與偏見

「三碗豬腳！咪雅！」一早到學校就被耍寶二人組攔住，金髮穿紅褲的叫小馬（Mike），棕髮穿綠褲的叫小強（Jean），他們喜歡一搭一唱地惡作劇，哥倆正雙雙將手合十，擺胸前對我做出泰國打招呼的手勢。調皮的兩人四處捉弄同學，總被老師罰站，初來乍到又是唯一亞洲人的我，自然吸引了他們的注意力，每隔幾天就會換花樣跟我打招呼，上禮拜是日本忍者，這禮拜變成泰國人，敷衍擠出微笑給他們後繞道而行。

與法國同學們相處的日子，我發現他們對亞洲有許多幻想和誤解，有些成見著實令人哭笑不得。常常有同學看到我就會用手指拉著眼角往上揚，做出李小龍的起手式，或是看到我就「清槍衝」地發出怪聲，模仿他們所知的中文聲調，就算我解釋無數遍，仍然說我是「Thai」（泰國人），更有同學問我：「你會不會吃蟑螂？亞洲人不是什麼都吃嗎？」同期的交換學生也與我分享遭遇：「我的寄宿家庭媽媽在我來前壓力很大，夢到我把他們家的狗吃掉。」對於一切種種，本來我會費勁地想去解釋，想要他們改變觀念卻屢屢失敗，後來發現其實他們與我並無一二，我在來到法國前也有先入為主的成見，以為「法國人不洗澡只噴香水」、「法國人不屑講英文」、「不愛工作很懶惰」，但來到法國後，我認識的法國人每天都會洗澡，的確不主動講英文，可是我認為主要原因不是高傲，而是因為法語的發音，導致講英文會有障礙，講不好所以不想講，至於懶惰這件事，我的寄宿爸爸每天七點出門，有時到晚上九點才回家，而我的學校也是早八晚五，毫不偷懶。反之亦然，真要說這是法國人在歧視，也不全然如此，就像在台灣，有時對東南亞的工作者，我們也會有些不自覺歧視的言論。成見在理解後才會一一打破，倘若沒有當交換生，這些誤解可能沒有消彌的機會，坐而言不如起而行，說再多都不如用相處改變思想，人生換個角度想也會比較輕鬆。

旅程開始後我才知道何謂交流，不單單是我自己學習，進入別人的文化，同時也帶著自身原有的文化介紹他人認識。

除了不同國籍的打招呼，
我的同學們還會對我使出各種從漫畫學來的招式，
原來法國青少年也喜歡看日本漫畫，
雷恩街上甚至有一間專賣漫畫的店，
誤打誤撞之下，居然找到共同興趣，
因為我也很愛看漫畫。

5-4

弄巧成拙的哥哥

我從小就希望有一個哥哥可以照顧我、替我擋掉媽媽的追擊，只可惜離開媽媽肚子那一刻，就註定是妄想。不過上天在十八年後，在法國為我安排了一個哥哥。易媽有個兒子叫葛哥（Gregoire），大我四歲，是個神出鬼沒的青年，入住他家十天後才見到本人。「嗨！」走進廚房時，一個未曾謀面的棕色捲髮青年坐在廚房的高腳椅上向我打招呼，葛哥遺傳媽媽的好樣貌五官清秀又帶有一絲俊俏，穿著塗鴉上衣和牛仔褲。

葛哥關心起我的學校生活：「聖凡森好嗎？那可是雷恩的貴族高中呢！」「貴族高中？」「對啊！學費很貴，也很多名流子女，你看看你同學是不是很多姓名很長。」這麼一說倒是有這麼一回事，有的同學的姓常常是很多單字組成，葛哥接著說：「如果名字是xxx de xxx，中間有個de那就是貴族後代哩！」「真的呀?!」我瞪大眼睛，人不可貌相，原來我是跟貴族一起上學！？「不過你分到什麼班呀？都聽得懂嗎？」「我法文不太好，分在數理班。」「數理班？你法文都不好了，怎麼上物理化學？包在我身上，我去幫你解決！」有成熟的哥哥真好，可以替我處理困難，要是我自己還不會想到去和學校溝通問題，被分配後就乖乖接受。哥哥還帶著我跑了趟學校，只不過改完班級後，教務老師露出不解的神情。

結果開學上了兩個禮拜的文學班課程，感激的心態不復存在，我發現從數理班換成文學班，是最錯誤的決定。雖然文學班不用上物理化學，卻需要上艱難的「法國文學課」、「英國文學課」這些更需要用到法文的課程。英國文學課還可以從英文反推回法文的意思，但法國文學課我便沒輒了。看我一臉茫然，導師直接嘆了口氣，對我說：「沒關係，你這節課就讀自己的讀物吧！」從此我在法國文學課就被放牧，在發了好幾堂課的呆後忍不住自己跑去書店尋找法語教學書，開啟自學的課程。後悔換班其實還有另一個原因：班上比較帥、比較美的同學都去了數理班，像是長金髮美女小汀、俄國轉學生小莎，還有長得像時裝模特兒的保羅，就連吵鬧的耍寶二人組都在數理班，文學班的同學通屬文青掛（無趣掛）：小諾、小茉、愛寫詩的蒼白少年小丸……接下來的幾個月又更讓我後悔，因為數理班比較多社交活動，文學班比較多家庭活動，數理班常舉辦派對，文學班則是讀書會。誰都不希望成為邊緣人，交換學生本身就是邊緣的外來物種，結果又分到對社交活動心如止水的班級，真是雪上加霜，現在看到葛哥都有種啞巴吃黃蓮的苦。

像是從偶像劇走出來的哥哥～～

5-5 厚臉皮的交友之道

選課雖然不是盡善盡美，但也不影響我的法國高中體驗。法國校園和台灣比起來多出許多自主權，除了不用穿制服，上課時老師的教法和在台灣也有差異，在台灣通常是學生單向吸收老師的上課內容，在法國常是雙向交流，老師超級愛讓學生提問或分組進行討論，上課沒有厚厚的課本，取而代之是活頁式的筆記本，同學有時就拿著兩張紙在上課、做筆記。而最重要的一環，是學生們在課後必須去圖書館找資料，分組討論再進行彙整、報告，有了這個環節，我多了許多和同學們增進感情的機會。

剛開始上學時，我的法文不好，和同學又不熟，每次有分組討論時，我都打著安全牌，選擇安靜地坐在一旁觀察同學，雖然同學們會禮貌性地親吻打招呼，也會簡短寒暄，可是所有交談僅止於此，沒有因為我是外國人而主動接觸或製造話題，反倒逐漸習慣把我晾在一旁。這種狀態和台灣早已建立的交友圈截然不同，當我鼓起勇氣主動開口，發現之前其實都是自己預設了太大的困難，雖然法文還是說得零零落落，得比手畫腳地補強說明，但漸漸拉近與同學間的距離，同學對我的發言也有回饋，尤其在數學課小組競賽，我意外成為炙手可熱的小組隊員。「哇——咪雅你為什麼不用計算機？」小諾吃驚地說，我疑惑反問：「開根號為什麼要計算機？」結果收穫同學們一眾崇拜的眼光。在台灣讀的是音樂班，我的數學程度在台灣堪稱「低落」，沒想到在法國派上用場，找到學數學的意義。出乎意料我的數學計算能力在法國高中顯得神勇無比，數學課也成為我唯一能夠上講台解題的課程，同學們埋首使用計算機時，我已用紙筆算出答案，不過僅限於數字的題目，法國高中數學習題大多是應用題，有文字敘述時因為看不懂題目，我就成為失靈的隊員。

在其他科目更是毫無用武之地，上歷史地理課時，心想既然地理圖表、歐洲歷史我都讀過，用英文去猜測課本內容，大抵應該不會有問題。結果整本法文課本沒一個字讀得懂，因為法文和英文的國名根本不同，比如說英語裡德國Germany變成Allemand。從未上哲學課的我，更被課堂上的問題轉得頭昏腦脹，「工作的真正價值」、「慾望從何而來」……原來法國人是這麼養成批判的民族性，對於這些沒有正確答案的話題，同學們從不缺乏意見，定會陷入熱烈的激辯。文科不行，轉戰武科，校園內沒有體育場，上體育課得走去校外的場館上課，法國學生習慣帶換洗衣物運動，不過第一次上體育課，擁擠更衣間還煙霧瀰漫差點讓我窒息，因為法國女孩習慣噴止汗噴霧，十幾罐同時噴灑的成果，我連跑步都覺得暈眩。法國體育課的成績會計算在升學考試之中，所以同學們很賣力地上課，課程內容也不輕鬆，除了地面上體育項目，也有游泳課程，總而言之，我的體育課成績也是相當普通。

班上有位有波斯風情、綠色眼珠的女孩名叫小愛（Adele），幾次上課鄰座和她混熟後，她解釋了我一開始邊緣的情況：「你一開始就不太講話啊，我們想說等你自己想講就會講。」「可是我法文不好啊！根本無法加入你們話題。」「不然怎辦？我們也不會中文啊？你既然來法國就應該多主動開口。」我無言以對。小愛說得很簡單，事實是就算我開口，受限於字彙的話題，通常兩、三句內就會結束。好在我的法國同學並不是討厭我，只是稍稍缺乏同理心、不習慣迎合說場面話、習慣新來的朋友主動些。在這種環境訓練之下，臉皮厚了、個性也變得較圓滑無稜角，許多以前在意的小事變得無所謂，沒有家人無條件地接收壞心情和不良舉止，必須時時刻刻注意自己的禮貌，不在保護傘下便要開始學會自己撐傘。

為自己撐傘

大家都知道論語中的「三思而後行」，
但孔子後面的那句「再，斯可矣」卻常常被忽略。
有時事情真的不需要想太多，反而需要實踐的勇氣，
一直三思、怕自己講錯話，反而讓同學不理解，
產生不好相處的誤解。

5-6

厲女士的文學課

英國文學課是一週裡讓我皮繃最緊的課程，老師是學校唯一一位黑人女老師，頂著一頭爆炸頭，來自加拿大法語區蒙特婁，稱呼她時必須冠上稱謂：Madamn Leonard，簡稱厲女士。厲女士教授所有英文相關的課，她蒙特婁的法語口音聽起來像英文和法文混合的產物，有時法國同學私下還會嘲笑她的口音「不正統」。想知道如何分辨蒙特婁口音？抓緊R這個子音去分辨，法國口音通常是用喉嚨氣音發音，蒙特婁口音則習慣帶些英文的捲舌音。儘管口音有差別，她嚴謹且一絲不苟的教學也相當受學生尊敬。第一堂英國文學課，她開宗明義地列舉課程規則：上課不准遲到、不准沒寫功課、不准嬉皮笑臉，結果有個同學不小心傳紙條被厲女士抓到，除了當場朗誦紙條內容，還得繳交一篇五百字的法文翻譯文章。別說五百字，我連五個字都得反覆查詢字典，看到這種嚴厲的懲罰，我更覺得自己要矢勤矢勇。

莎士比亞、狄更斯的選文之外，厲女士也喜歡用電影片段當上課題材，明明看電影是件幸福的事，她的課堂上我總看得愁眉苦臉，因為看完還得回答她的問題，像是「影片中人物的穿著顏色代表什麼？」、「為什麼主角會說這句話？」，有些甚至和哲學課的問題相似，根本沒有正確答案。對於沒有正確答案的題目，起初我有些摸不著頭緒，因為在台灣長久以來的學習，都是在訓練答對「正確答案」，但一步一步地累積，我也開始能匯集自己的思緒和意見，在試卷上整理出一份有自我意志及想法的答案。

本和厲女士英文、英國文學課二節緣分非常足矣，但在某個風和日麗的早晨，信箱躺著一封郵件：「注意，聖凡森的交換學生，學校將為你們開設『法文加強訓練班』，此課於一、三、五由厲女士教授。」正式宣告我校園安逸生活的結束，身為交換學生之前只有一個星期一堂的英文文學，硬性規定得繳交功課，現在幾乎每天要跟厲女士見面，我的功課量瞬間暴漲好幾倍。

饒了我吧！法國文學……

Story 6

享受人生吧！
C'est La Vie!

6-1

假日就是要開遊艇逛

九月的最後一個星期五，易爸帶著親愛的老婆、家狗奧爾菲與亞洲跟屁蟲，前往海濱小屋度假。法國布列塔尼人的休閒育樂不是逛百貨、逛街或是看電影，而是逛大西洋，看無邊無際的壯闊風景。

坐上車往西北方開去，一個小時後到達度假小屋。打開車門，狗狗飛也似地衝下車，大門前擺著兩張白木躺椅，兩層樓的小屋格局很簡單，一樓進門就是廚房，後方隔間是客房，二樓是主臥室。看看時間已經晚上八點半，易媽立馬著手製作晚餐。今晚的主菜是魟魚翅，看她俐落的把魚翅處理後，同百里香下鍋水煮，平底鍋融化奶油加入酸豆、檸檬汁收乾成醬汁，等待魚肉的同時烤麵包、擺上餐具，魚起鍋之後淋上醬汁擺盤，不到十五分鐘，晚餐已備好。魟魚是一道經典法式菜餚，扇型的魚排中有一大排扁平的軟骨，我好奇地用刀叉刮下所剩不多的魚肉送入口中，軟嫩的魚肉帶著後勁酸味，原本的魚腥味被醬汁的酸度壓過，「好吃嗎？」易媽看我複雜的表情。「還不錯。」我嚥下口中魚肉，總覺得魚肉帶有淡淡的阿摩尼亞味，應該就是魟魚的特色。易爸家中設有地窖用來存放葡萄酒，他熱愛波爾多的葡萄酒，還會為了品酒去波爾多旅行，度假當然也不忘帶上葡萄酒。「這跟魚的味道很搭」易爸遞給我一杯白葡萄酒，嚐了一口果真蓋掉阿摩尼亞的味道。法國人的生活習慣是喝葡萄酒佐餐，大概配法是紅肉佐紅酒、白肉佐白酒，喝一口酒、吃一口菜，細細品味，度過美好的夜晚。

隔天一早十點來到碼頭準備出航，四十五分鐘的航程，目標是對角的海岸，大西洋海水湛藍，顏色分層清晰，陽光折射下有金燦燦的光芒。易爸駕駛的小遊艇，以擋風玻璃作為分隔，後方有船長的座位，還有一小排沙發椅，前方則有塊可以做日光浴的船板。船隻飛騰在大西洋上有如一隻鯨魚，白色浪花飛濺，夫妻檔上演鐵達尼號迎風相擁的蘿絲與傑克戲碼，而我是照明電燈泡，坐在船頭日光浴區，頭靠欄杆任由海風撲打在臉上，微微的鹽粒混在風中，順勢為我的臉去角質。快靠岸時，易爸小心翼翼地盯著雷達，我好奇地問：「為什麼要這麼注意？」「布列塔尼區的海域都有很多暗礁，一不小心船可能會擱淺，那就麻煩大了。」他靠近岸邊定點下錨關掉引擎：「可以下水囉！現在水溫剛剛好！」船長易爸宣布，易媽穿著比基尼噗通跳入海中，年過半百維持著玲瓏有致的身材。九月的大西洋海水清澈，清楚得見小魚優游，法國人所謂剛剛好的溫度是十七度，冷得我只敢用腳尖觸碰，還在一寸一寸慢慢把腳浸入海水適應水溫，「嘩啦！」易媽展現美人魚般的泳姿，還時不時來拉我的腳，要我一起下水玩，掙扎一會兒我還是決定放棄，乖乖待在船上陪易爸吃一早準備的簡易午餐。

咬下新鮮帕瑪火腿三明治配口氣泡水，眼前是藍天白雲和海洋交融的美景，我想這就是法國名句：「C'est la vie」（這就是生活）的真諦吧！法國人真會生活，懂得如何放鬆身心，想起以往在台灣的壓抑和無止盡地拚功課，像這樣在法國時不時放飛心靈，才得以有空間吸收氧氣吧。

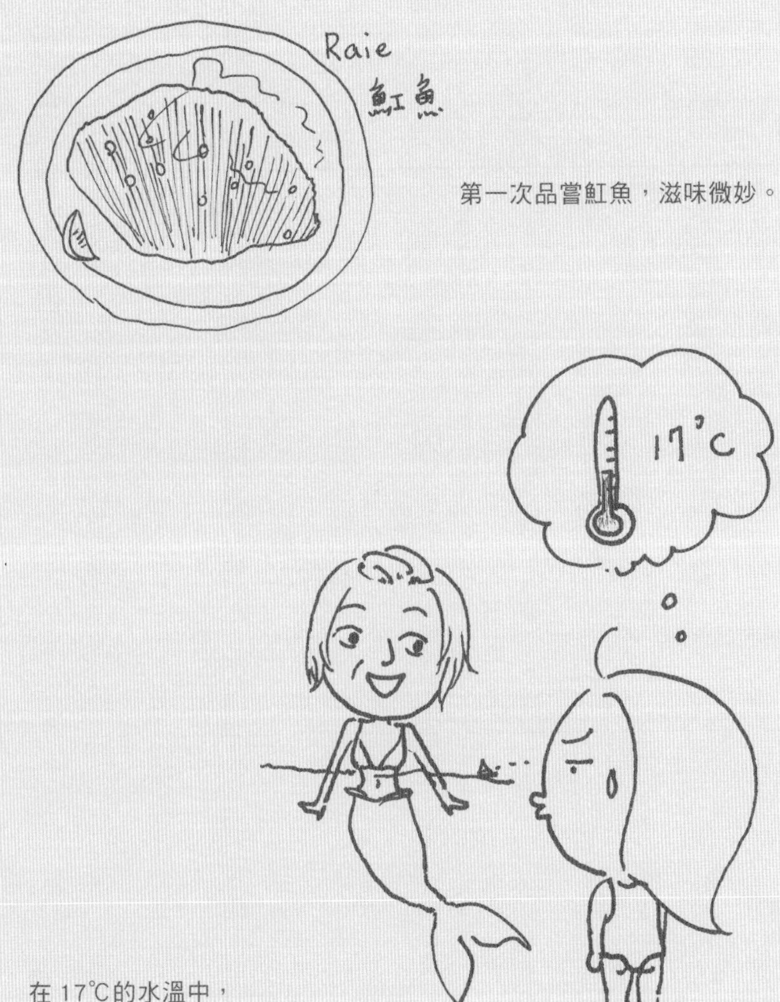

第一次品嘗魟魚，滋味微妙。

在 17℃的水溫中，
易媽像隻美人魚般地悠游。

6-2

法國慢活主義

「Mia!」易媽從思緒海裡拉回我：「我們要回程啦！找地方坐好。」我爬回來時的船板座位，易爸發動引擎把船錨拉起：「走吧，回家吃海鮮。」一句話讓我又雀躍起來，吃海鮮是來法國培養的新嗜好。布列塔尼區域的海鮮世界有名，每年出口的海鮮排名全國第一，這是因為有得天獨厚的岩岸地形而得以孕育出豐沛的海產資源。每個禮拜易爸都會買海鮮拼盤打牙祭，順便慰勞全家人，回家的路上隨著夫婦倆走到小鎮採買，度假小屋所在的小鎮居民不多，不過賣海產的店家裡客人絡繹不絕，易爸熟練地挑選並很快地組合成琳瑯滿目的海鮮盤，包含數種螺類、螃蟹、螯蝦、鮮蝦及生蠔。回到家，切一些法國麵包佐餐，我們迫不及待地享用這場海的盛宴。店員已幫忙開蠔，拿起新鮮的布列塔尼生蠔擠一點檸檬，咕嚕一口吞下，易爸露出滿足的神情，跟著他的方法吃生蠔，蠔肉像果凍般滑入喉嚨，舌尖上嚐不出任何腥味，只留著大西洋海水的鹹味。他們鍾情原味的吃法，最多螺肉沾上一點美乃滋，其餘螃蟹、蝦子等擠上檸檬、灑點醋便可品嚐鮮甜的滋味，產地擁有最新鮮的貨源，據說在巴黎，同樣的一盤海鮮要貴上四、五倍。

在頻繁大餐的生活中，普遍法國人都還是保有良好的體態，走在路上也沒看到大胖子，深入法國人的生活模式，發現他們不會變胖的一大因素是「走路」。法國人各個腳程了得，能走路就不搭車，之前和易媽去雷恩城內，十五分的車程我提議要坐巴士，卻被她回絕：「走路就到得了，不用坐巴士啦！」，最後走了一個小時才到目的地，對她來說是再正常不過的事情。「走吧，我們去散步。」易媽最喜歡在飯後提出的休閒活動，每次的散步都是兩小時起跳，狗狗奧爾菲因為年老，走不到半小時便會罷工，我羨慕地看著他被易爸抱在胸前，也有種想當狗的衝動。訓練著自己的小腿肌，走著走著，倒也走出法國人「慢活」的感覺，逃出都市叢林，在海濱小屋的假日時光，讓時間慢下來，細細品味生活的每個細節，為下一週的忙碌充電。散步看風景、躺在門前躺椅看天空、遊艇上曬太陽、品嚐海鮮拼盤、睡前拿出波爾多的紅酒淺酌，跟夫婦倆在一起的時光像蜂蜜，濃稠緩慢地流動，這糖蜜般的週末假期美好到讓人捨不得逝去的分秒，每次離開小屋都在期待下次來訪。

我是顆巨型電燈泡，呵呵……

6-3 愛情隨心不隨便

易爸和易媽是男主外、女主內的夫妻模式，他們兩個在生活之中合作無間，從不曾看他們吵架，結褵幾十年，易媽說：「照顧老公我覺得很幸福呀，不用吵架。」易爸則一臉害羞地說：「呵呵，我再也找不到這麼好的老婆，怎麼捨得吵架。」氣圍甜滋滋地令我害臊，不過早已習慣他們比較大方地表現感情。他們有兩個孩子，但兒女的感情模式似乎和爸媽截然不同，女兒歐姐（Audrey）遺傳爸爸的瘦削臉蛋與黑色直髮，兒子葛哥則有媽媽柔美的神韻及棕色捲髮，兩人都住在家，但都不常和我見到面，因為歐姐和男友同居在車庫上方的閣樓，出入口不同，葛哥則神出鬼沒地，常常消失不見人影，不過家庭聚會定會全員到齊。

秋日颯爽，是庭院湖畔旁烤肉的絕佳天氣，花園裡盛開的蘋果樹及農作物剛好成為最佳配料，一口烤肉配一眼湖景，全家人愜意地聊天。聽到歐姐已經和男友同居近五年，「哇，都可以結婚了耶！」話到嘴邊才想到可能冒犯到人，不過歐姐並不介意，但她的回答對我來說相當新潮：「同居就很好啦！結婚太麻煩了。而且同居跟結婚享有一樣的權利，我們已經辦了同居的文件，所以沒必要結婚。」而且其他人似乎也贊同她的想法，男友也不置可否，看來早已達成共識。雖然早聽聞法國人對於感情的觀點不同，沒想到法國政府還為了同居立法規，不愧有浪漫國度的稱號。葛哥的感情又是另一種情況，他有數不清的「好朋友」。

我的房間在一樓的角落，比鄰通往二樓的樓梯，所以上下樓梯的聲響都會傳到房中，憑藉靈敏的耳朵還可猜測來者何人，只要是比較輕巧安靜的腳步，大概就是葛哥的「好朋友」來訪。有天早晨出房門時，剛好遇到一個金髮美女下樓，點頭示意後一溜煙跑到廚房，易媽正在廚房搗鼓著，看到我立刻八卦地耳語：「跟上次的一樣嗎？」自從易媽發現我知道好朋友來訪的事，就會時不時與我更新情報，我搖搖頭，猶記上次的是短髮，易媽嘆氣：「又不一樣？真拿他沒辦法，不知什麼時候才能改變……咪雅你別和他走太近！壞孩子。」聊完歐姐結婚的話題，易媽冷不防轉移話題到葛哥身上，「你最近學校怎麼樣？」、「那上次那個女同學還有來往嗎？」葛哥不出意料地搖搖頭想結束易媽連珠炮的提問：「沒來往啦！別擔心啦，感情就這樣來來去去。」同一個家庭發展出三種不同的愛情模式，要說歐姐和葛哥隨便，好像也沒有那麼嚴重，只能說他們是隨心吧！

夫婦倆算是傳統型的父母，原本以為歐美的父母偏好孩子自由發展，但他們還是希望孩子在自己身旁成長，等到孩子們羽翼豐厚，自己想離開時再放飛，替孩子們預設好未來的一切，連房子都想好要一人一棟。身為旁觀者，在他們的相處過程中，我也看見自己與媽媽的盲點。媽媽也會在聚會時瘋狂提問，想藉由大家視線的壓力逼問小孩答案，在她高壓統治之下，甭提帶男朋友回家，連和同學出門，都會咄咄逼人地問：「出去？跟誰？把同學爸媽的電話給我，我要求證有沒有這一回事。」差別只是每回提問都是以爭吵做為結尾，以前總覺得媽媽不可理喻，簡直跟瘋女人沒兩樣，但是易媽卻讓我看到當媽媽的另一面，雖然對於子女的生活表面上表現得豁達，但背地還是會擔心、暗中觀察，時不時送食物去關心閣樓的女兒、打探兒子的作息及交友狀態，我想天下父母心，都是希望兒女平平安安地成長。在培養才藝方面，夫婦倆則說：「孩子們開心就好，我們是沒有強求。」然而在我拿出小提琴當做餘興節目，聽完我的演奏後，歐姐說：「會才藝真好！如果當初有堅持下來，我現在還會音樂，也可以跟你一起演奏了。你房間不是有一台鋼琴嗎？那就是我的鋼琴，可惜我現在不會彈了。如果時間重來過我一定不會放棄。」她帶著遺憾的語氣，就像照妖鏡使妖物現形，讓我看到一直以來的盲點。我不停地埋怨媽媽的逼迫、討厭她要我做的一切，活在自己創造的框架裡憤恨不平，卻忽略了其實自己也喜歡音樂、喜歡把弓放到琴弦上製造聲音的感覺、喜歡創造自己弦律的空間。我的未來目標不一定要當小提琴家，但是我相信，至少活到歐姐年紀時，我手中還是握著小提琴演奏。

「如果當初有堅持，我現在就還會彈琴。」
若是沒有虎媽的堅持，我以後是不是也會這麼說？

6-4

兩光惹怒法國人

如果生活過得一帆風順，那就不叫生活了。

「嗶嗶嗶嗶嗶！！！」警鈴聲響徹雲霄，刺耳的鈴聲驚動百尺外的鄰居，大家紛紛探頭看發生什麼事，始作俑者正是我，恨不得揍自己一拳，脫線如我又忘記家中有保全。位在郊區又是獨棟式建築，易爸安裝縝密的保全系統，所以回到家要在一分鐘內按掉保全系統的警備開關，否則會觸發警鈴，而這已經是我第N次觸發。第一次忘記按按鈕是因為跑去廁所，結果警鈴大作，嚇得我從馬桶上跳起，以為發生火災四處探尋，五分鐘後電話鈴聲響起，是易爸來電：「咪雅，你回家是不是忘記關警報？」我恍然大悟：「對！」「保全已經出發去家裡查看了，我還以為有小偷呢！」我結結巴巴地道歉：「對不起……我剛剛有急事。」「沒關係，以後要記得，保全會過去解除。」等待保全人員時還有三、四個鄰居前來關心，用警戒的眼神審視我：「發生什麼事情？還好嗎？」「你是誰？沒看過你！」「你……不是小偷吧？」身為「異類」，黃皮膚黑頭髮的我，一番比手畫腳地解釋後，鄰居們才放心離去。第二次是，偷懶從車庫的後門進屋，沒想到無論從哪進出，都必須先解除警報，這次我連忙打電話給易爸：「對不起，我又觸發警報了！」「你要記得呀！我跟保全說一聲。」他再次叮嚀。後來又因為反覆進出拿取門口的包裹，匆忙間忘記按按鈕誤觸警鈴，易爸接起電話只嘆了口氣：「我知道是你，沒關係。」數次後他語氣漸趨無奈，兩光似乎成為我的標籤。

原以為除了誤觸警鈴，應該不會再有兩光行徑，沒想到頭獎總在後頭。十月中旬參加交換學生的地區聚會，體驗湖邊攀岩、住青年旅館，旅程結束心還在外飛揚，興高采烈地坐上易爸接我回家的車，奇怪的是他看起來面有菜色，感覺有根魚刺哽在他喉頭，整趟路程悶不吭聲。

一抵達家門易媽已在門前等著我，我從未看過她面色如此凝重，頭上三把火在燒的樣子。「咪雅，跟我來」跟著她進到我的房間，心裡有不祥預感升起，她從來不會干涉我的私人空間，這還是第一次看到她進我房間。進房後直直往房間浴室走去，她不悅地說：「可以解釋怎麼回事嗎？」慘烈景象衝擊我的心靈，滿地乾涸的血漬、血塊和髒污遍布白色磁磚，整間淋浴間簡直是命案現場。我驚恐地說不出話，腦中飛快地旋轉，回想到底發生什麼事，突然好像有點線索浮現，這好像是我自己搞出來的事蹟：「呃……我想上禮拜開始水管好像有點塞住……」「所以呢？你就把浴室搞成這樣？」第一次看易媽這麼不開心，我的話越說越小聲：「也不是……可能我出門的時候塞住，但我沒有注意……」「那你要馬上跟我們說啊！不是把浴室弄成這個樣子！」「對不起……」「來，你跟我去拿工具，清一清！」拿到工具後，易媽用螺絲起子旋開水孔蓋，以夾子夾出一大坨毛髮，我的一顆心也活生生血淋淋地被他夾出來審視，她深鎖的眉頭像在譴責我的隨便、不整潔、沒禮數，離開前她面無表情地說：「以後要講，不要讓事情變成這樣！」「真的很抱歉。」無助地看著關上的門，拿起刷子清理，用熱水溶下一塊塊污漬，心裡是既丟臉又委屈，氣自己把浴室弄成這副模樣，又擔心自己這兩個月努力表現的形象毀於一旦。一邊刷洗地面，淚珠一顆顆從臉上掉下，思念在低潮時趁虛而入，第一次覺得有媽的孩子是個寶，在家不曾這般難堪，但也給我上了真實的一課，有問題時就該在第一時間反應，否則越拖事態只會越嚴重。

「我的好日子該不會到頭了吧？」我在心中尖叫。

媲美媽媽尖叫的警鈴聲。

ohlala! 髒死人不償命，我的浴室創作。
住在別人家裡面還是有許多「眉角」，
稍有不慎便會踩線。

Story 7

狗腿王的生存之道

7-1

人……是外貌動物

接待我的法國扶輪社每個月都會有一次例會。當初在台灣收行李，媽媽萬般堅持要我帶上最美麗的洋裝：「我跟你說，法國人很勢利，你不能隨便亂穿，一定要穿得體面！」她掐指一算：「一年有十二個月，你就帶十五件洋裝去吧！」姑且不論她奇怪的算法，我對她以貌取人的行徑嗤之以鼻。

扶輪社的成員們社經地位都不錯，律師、醫生、貿易商、經銷商……他們不論年紀、性別都很注重打扮，而且不只太太們會打扮，先生也不遑多讓。西裝皮鞋是基本，進階的還會搭上袖扣、領結、襯衫或帽子，不一定穿得滿身精品，但一定有自己的特色。薑還是老的辣，若不是當初媽媽的決定，按照我自己的意思，只帶運動服跟牛仔褲就出國，現在肯定會顯得格格不入。「咪雅，歡迎你的到來！」第一次參加例會時，年過花甲的社長穿著一套綠格紋西裝，帶著圓框眼鏡，兩鬢花白的頭髮用髮油梳齊，手裡拿把手杖，活像綜藝節目裡的偵探。第三個寄宿家庭的爸爸馬爸帶著大大的微笑走過來打招呼：「咪雅好久不見！一切都還好嗎？」今天他穿著樂福鞋搭配西裝，只是襯衫間不見領帶，而是串閃閃發亮的金項鍊，活像電影裡的黑社會老大，我連忙稱讚：「馬爸！我很好！你……穿得真時髦！」他很開心地一把攬住我的肩膀：「謝啦！你可以叫我爸爸呀，不用叫我的名字沒關係。」「哦……好的。」嘴上答應，腦中浮現上次我叫易爸「爸爸」時他驚恐的態度：「不不不，承受不起，叫我名字就好。」同樣都是法國人，但每個人的界線不一樣。這時同樣戴金項鍊、襯衫開到第四顆鈕扣的大叔走近，目測不到一百七十公分的身高，卻有著雄赳赳氣昂昂、鼻孔比天高的態度。「他是里叔（Lionel），我的好哥兒們，就是他的女兒去美國交換，所以你來我們社裡。」馬爸介紹「你好！」禮貌地打聲招呼，里叔沒有外表看起來的孤傲，反而熱情地說：「記下我的Email，有空帶你出去走走！」跟大叔出去玩？聽起來不怎麼吸引人，不過我還是記下以備不時之需。奇怪的是扶輪社交換生規定「一個出去、一個進來」，我來法國被接待的同時，也會有其他國家的交換學生到我家寄宿，照理來講里叔應該要成為我的寄宿家庭，但不知為何變成現在這種分配。

社長搖響手中鈴鐺，戶外的人們紛紛停止交談開始往室內移動，入座後，我邊觀察大家社交，邊背誦待會兒自我介紹的稿子，法文句子旁用注音密密麻麻地作滿筆記，還在易媽的監督下演練數十次。馬爸看到我手中的紙後嘖嘖稱奇，調皮地搶去研究，說上面的文字看起來像古埃及文：「會不會你念完法老就被你召喚了？」「才不會！」從他手中拿回紙張，繼續準備我的自我介紹，社長第二次敲響鈴聲，說了些歡迎詞後讓我跟大家講講話。對我來說上台經驗豐富，應該習以為常，這次卻出奇緊張，「大家好，我是咪雅，很開心可以來到這邊交換……」我慢慢唸著注音寫的筆記，明明在說法文卻不知道自己在唸什麼，好在大家在我講完後熱情地鼓掌，看來都聽懂我說的是因為我結束後大大的笑容。法語漸漸進步後才慢慢能聽得懂他們唏哩呼嚕的交談，一次例會大家剛好聊到接待交換學生的話題，我才得知里叔原來是以「房子整修」的理由拒絕接待我，一開始是沒人要接待我的狀態，第一原因是社員年紀普遍偏大覺得不方便，二則是因為我是亞洲人，大家怕有文化隔閡。直到第二個家庭因為對亞洲文化較熟悉挺身而出，陸續才有人出面「認養」，我心裏五味雜陳，沒想到還有這一番波折，對里叔也打上一個壞印象。易爸笑著說：「看到你本人後，覺得之前擔心是多餘的」。其他人也紛紛附和，甚至有位社員太太說：「咪雅很重視我們，因為她每次參加例會都會換不一樣的洋裝！」和法國人相處後，更體認到「人要衣裝、佛要金裝」的道理，外貌不是最重要，但在語言不通、人生地不熟的情況下，卻會成為評斷一個人的先決條件。我不禁想起我親愛的虎媽，每每出門時都堅持將我精心打扮，配好成套髮箍、洋裝、鞋子……小時候對她這種過分注重表面的行為感到厭煩，覺得她只是想要炫耀，現在想想，或許，她只單純地想把女兒打扮得漂漂亮亮，讓我更招人疼愛、喜歡。

每次參加重要場合前都精心打扮，印象分數很重要。

7-2

法國人的吃飯配話

扶輪社例會有時會有專題演講，有時則是單純的聚會，不管內容是什麼，免不了一頓美味的晚餐，當一群法國人聚在一起吃晚餐就代表要「花時間」。第一次例會也是我第一次在法國餐廳用餐，例會的餐點通常是三道盤菜，今天是燻鮭魚沙拉、櫻桃鴨胸及巧克力蛋糕。法國人吃飯很優雅，連生菜都要折成小塊才送入口中，還好我有偷看旁邊阿姨用餐方式，沒有一口塞進嘴裡，不出糗的最好方法是學習他們的習慣。油封鴨、鴨醬、鴨胸都是法國家常菜，他們對鴨料理特別在行，處理得毫無腥味、肉質鮮美，就像主餐的櫻桃鴨胸，是我第一次看到比菲力牛排還厚的鴨胸，煎得色澤光亮，切開是漂亮的粉紅色，一口咬下脆嫩，鴨肉還在舌上彈跳。一頓三道菜餚吃完，肚皮早已撐到不行，餐後還會有茶與咖啡做結尾，只怪自己一開始太心急，看到桌上擺著一籃熱騰騰的麵包，就忍不住抹上奶油吃了兩顆。飽餐一頓代價是三小時的時光，法國人吃飯是舉世聞名的「慢」，不是因為法國菜精緻出餐慢，是因為法國人的長舌，上慢一點才可以聊久一些。每次例會時間是三小時起跳，第一次參加例會感覺新奇，後來是對他們聊天能力感到驚奇，七點開始的例會，大家話題源源不斷，聊到不累不罷休，有時還會到十二點，飯店都來送客了才離開。小時候老師會說：「吃飯不要講話！」這對法國人來說根本是天方夜譚，吃飯就是法國人和家人朋友維繫感情、分享生活的方式，除了每日的晚餐會跟家人聊天，每過一陣子也會邀請親朋好友在家聚餐。在台灣吃飯通常是共食，桌菜一次擺齊大家動筷夾取，邊吃白飯邊夾菜食用，在法國則是盤菜，所有食物一次盛在盤中慢慢吃，雖然少了「多夾一點」、「來吃吃看這菜」那種招呼的熱鬧，不過邊聊天邊消耗盤中飧的感覺，倒也少了時間及旁人的壓力。

有次跟著易爸夫婦去拜訪朋友，他們的海濱度假小屋比易爸家的大上兩倍，邀請四對夫婦外加我一個交換學生，那是我人生中吃過歷時最長的晚餐。一個法國人可以單獨講一小時，那八個法國人聚在一起？就是從下午四點開始一路吃到午夜，整整八小時。難怪葛哥不願一起出門，還露出不懷好意的笑容站在門口揮手目送我們離開。

拿著香檳坐在沙發，前方立鐘慢慢擺動，窗外看出去大海平靜，如我內心狀態般死寂，大夥已經在客聽裡聊了兩個小時，我一如往常無法插話，看著桌上擺著已經吃過一輪的開胃小點，聽他們從小孩聊到寵物、從內陸聊到外太空還樂此不疲，偶爾會來個一、兩句和我交談及客套地問候家庭、適不適應，與我話題僅限於此，受限於法文程度也無法再深入。主人家終於宣布：「我們入座吧！」大家開始往我思慕已久的飯桌移動，心裡預計今天到八點應該會結束，可望著鐘擺移到八點方向，我們才剛吃完前菜，連受過罰站訓練的我也開始昏昏欲睡，數著牆上來回爬過好幾趟的螞蟻，想拿出手機滑卻又覺得不禮貌，易爸突地讓話題轉移到我身上：「咪雅，你有空煮煮看中式料理吧，你會嗎？」八雙眼睛刷地齊齊看向我，壓力之下回答：「當然！我會！」但是我在家根本不下廚，連媽媽都不煮飯，之前都是阿嬤處理，來法國只學會剝大蒜跟切洋蔥這些雞毛蒜皮活兒，易媽也不會讓我當主廚，但在期盼眼光下也只能應諾。

主菜吃完後本以為要上甜點，沒想到主人家端出起司盤與生菜，易媽：「要來些嗎？」「好……」雖然胃早已撐飽，但十幾種比手掌還大的起司大氣堆疊在盤上，誘惑十足，相處下來發現法國人其實吃很多，但因為時間拉很長，所以不會一次看到所有的量。

為了抵抗睡意的我起身到廚房幫忙收拾碗盤、沖洗後放入洗碗機，隱約聽到女主人在廚房通道和易媽對話，稱讚：「咪雅真是善解人意，很乖！」易媽笑著回：「是啊，她都會幫忙家務。」來法國的這些時日，我發現幫忙家事和收拾環境有許多好處，可以為自己的外交分數多加上幾筆好評，讓人家開心之外，自己也不會感到無聊，第一次覺得做家事很幸福，不用坐在餐桌上死命地發呆，我這看似善解人意的舉動，其實心裡正吶喊著：「我想回家！」女主人聲音又響起，這次比較小聲：「那她總體表現呢？」易媽大概認為水聲掩蓋說話聲：「天啊！

有次把浴室弄得非常髒，氣死我了！而且她平常很常待在房裡用電腦，有時會一下午都不出房門。」這下可好，無心聽到自己的評語，真心希望鍋子永遠洗不完。第一次覺得吃飯比練琴痛苦，生怕要坐回那可怕座位，一是得繼續聽法國人唏哩呼嚕地長舌，二是自己心裡難受，明明比起在台灣，已經很高頻率地幫忙家事，努力與他們聊天，還被說太常待在房間裡，住別人家的學問還真大，到底要怎麼做才能盡如人意呢？如今我恍然大悟，逃離虎媽也等於脫離我任性生活的小日子，不再有人無條件寵你，即便碎念嘮叨還是會幫你收拾善後，從現在開始，所有的問題我都要自己面對、解決。

好不容易吃完這頓飯，時針已走到十一，大夥人移動到門口準備離開，正穿鞋時主人家不知和易爸夫婦講到什麼，結果又興致勃勃地續聊一小時，整裝在旁等待的我是哀莫大於心死加心酸，看著午夜十二點逼近，像灰姑娘打回原形，覺得自己堅強偽裝也接近瓦解邊緣，想念在台灣家裡的輕鬆和放肆，心裏暗暗懟著葛哥的奸詐，早知道就留在家裡。

法客的晚餐：整整 8 小時，

吃到月亮高掛空中，法國人們還在長舌。

ohlala⋯⋯

7-3

台傭／太勇一線之隔

「轟隆隆——」看著貪婪的除草機吃掉面前的雜草，我真希望它也能嚼碎所有壞印象。在家裡發生浴血事件，又在聚會聽到易媽的評價，開啟我積極彌補之路，第一步就是做家務，越發精通於吸地、拖地、擦窗、洗碗……等家務技能，另外還解鎖了駕駛除草機的功能。網球場大小的花園，有專業園丁每月一次的整理，其餘時間就靠自己維護，得除去雜草避免危害健康草皮，撿拾掉滿地的蘋果去堆肥，現在的行為往好方面想是幫忙家務，倘若負面的話，就會覺得自己像台傭。

不過和南美交換的朋友聯繫後，覺得自己應該知足了，螢幕那端的朋友哭喪著臉說：「我住的房子特簡陋，還用鐵皮隔著會漏水！你們都沒遇到這個問題，怎麼就我碰上了？」「這也是一種另類的考驗嘛……」我擠出安慰的話語，雖然住在湖濱別墅的我沒什麼說服力。「在家一條蟲，出外一條龍啊！我女兒真是太勇猛了！」媽媽在視訊裡感嘆著：「你要是在家也這樣那該有多好？」我心想：「要不是我在家時，你除了叫我練琴還是叫我練琴，我早就樣樣精通了。」不過媽媽也有所成長，她從一開始會因為我沒有每天打電話給她而發怒，漸漸地，現在三、四天打一次電話也不會受到責罵。

「媽，炒米粉怎麼煮？」視訊一接通我急忙提問，自從上次易爸隨口說：「咪雅你會煮飯嗎？好奇你在台灣的食物。」心裡就思量要煮一頓台灣味給他們吃，也是我彌補之路的第二步。「我怎麼會知道。賺錢養你都沒時間了還煮飯，你上網看影片呀！」沒想到打給媽媽得到如此冷血回應，阿嬤在視訊那端好心湊過來說：「把所有東西炒一炒就對了，記得放油喔！」俗話說「靠山山倒、靠人人跑、靠自己最好」，但花了兩個小時觀看炒米粉教學影片，還放慢動作看廚師炒了十次，我還是有看沒有懂。一大早坐公車到亞洲超市買材料，好不容易搞清楚大蔥和青蔥、蒜頭和紅蔥頭的差別，買齊材料回家進廚房動手搞破壞，時不時看到易媽在門邊探頭探腦，不知是在偷笑我愚鈍的切菜技巧，還是怕我把廚房炸了。為了彌補之前的紕漏，卯足全力進行人生第一次下廚，心裡同時佩服這些法國人的勇氣，莽撞地提議吃我親手做的料理……搗鼓五小時後，廚房也差不多滿地「開花」，我終於可以上菜：炒米粉、餛飩湯、番茄炒蛋，看著滿桌菜餚我自己也感動得熱淚盈眶。

易媽笑說：「沒想到你還煮得出來，我看你煮了好幾了小時，還反覆看影片，都想叫你放棄我來做好了！」番茄炒蛋出乎意料得到最高評價，法國人的口味偏甜，喜歡番茄甜酸滋味，而相較來說，餛飩湯他們是比較不理解的，「這個長得好像大腦」易爸指餛飩，吃完餛飩後的大骨湯就擱著，虧我為了那大骨，還跑去肉舖溝通許久，肉販遲疑地從殘骸中挑出骨頭給我：「不用錢，這個沒人要的！」可見文化不同，做菜方式也有差異，大骨在中菜裡可是寶呢！

做頓飯累得我腰痠背痛，但看到夫妻倆開心又新奇的表情覺得一切都值得，從來沒有這麼努力地博取好感，受人照顧後也得同等回報，反思以前視為理所當然的生活，是因為有家長的庇佑下才得以安逸地過日子，而太安逸反倒沒有這種認知和感恩。

第三步的彌補，也是媽媽獻計的好撇步——送禮。

易媽生日快要到了，我放學後在雷恩市四處尋找中意的禮物，與店員交涉時才發現，法國人不愧是貴族的後裔，因為法語裡居然沒有「便宜」的這個字，當我用英文問店員有沒有比較「Cheap」（便宜）的選項，她回應時的法語是用「Moins Cher」（比較不貴）這個詞。路過花市時我突發奇想，決定插一盆花送給她。從來沒插過花的我想起媽媽之前吹噓上過插花課，立刻打給她：「媽，插花怎麼插？」「我怎麼知道。你上網看！」不意外的回答。自力救濟上網查詢之後，決定挑戰難度最低的樣式，買了一堆紅色玫瑰花，光是把玫瑰莖剪斷就花了一個小時，沒經驗的我插完花後還雞婆地把花瓣都掰開些，覺得這樣比較美麗。把花和禮物擺在客廳桌上等待易媽回家，我想我狗腿到這個地步，應該把我扣去的分數加回來，差不多可以彌補之前的浴室事件。果真易媽看到時，就像個小女孩般手舞足蹈，感覺把已經之前的事拋諸腦後。唯一可惜是在我辣手摧花之下，玫瑰花兩天後就凋謝。「禮多人不怪啦！」媽媽反覆說道，這曾經讓我白眼翻到天邊的一句話，卻在我對易媽的彌補計畫中發揮畫龍點睛之效。以前總覺得惺惺作態的禮尚往來非常虛偽，但是看到易媽收到禮物時發自內心地開心，我覺得有必要檢討一下自己對「送禮」這件事的定義。有時候我們不知道要怎麼開口或行動，藉由「送禮」來破冰，開啟話題，「禮物」算是一個小小的媒介，搭起雙方友誼的橋梁，不應該將送禮這件事汙名化，認為送禮就是為了占更大的便宜。總以為反對而反對的心思理解媽媽話語的我，似乎太小家子氣了！要學會用更包容的角度看待事物，因為我正在成長。

辣手摧花，硬要把玫瑰掰開看會不會比較美，
結果當晚就開始枯萎。

7-4

暖心的異鄉家人

秋冬轉換是病毒最愛趁虛而入的時期，一早起床發現喉嚨不太對勁，不以為意地吞了感冒藥出門上課，回家後遇到葛哥：「你怎麼看起來好像快生病了？我告訴你，生病就是要運動，走吧我們去跑步，流個汗就會驅除病魔。」拗不過只好跟著他出門跑步半小時，明明流了汗，躺在床上卻越發昏沉，隔天直接陣亡無法上學。

在法國看醫生非常不方便，必須事先預約家庭醫師，還得要醫師有上班才能看診，不像台灣大街小巷都有門診可看，運氣太好的我剛好碰到醫師休假，只能自己看著辦。

易媽檢查沒發燒後提議：「我調個感冒飲料給你喝，喝了就會好的。」已經一把鼻涕且滿口痰的我點點頭，死馬當活馬醫，看她從酒櫃拿出一瓶蘭姆酒和牛奶、蜂蜜以及檸檬加熱攪拌均勻：「我們感冒都喝這個然後去睡覺，會好比較快！」手中杯子冒著煙與酒氣，心存懷疑還是咕嚕飲下，昏昏沉沉回房，倒臥在床時多愁善感乘虛而入，都說「孤獨異鄉人啊！」有點想念媽媽會照顧我，阿嬤關心遞水的好日子。喝了感冒飲料隔天症狀減輕許多，從此以後我對葛哥說的話都會在心裡默默打個折扣。

「咪雅，你喜歡法國音樂劇嗎？」易爸敲敲我的房門，手背在背後似乎拿著東西，我回：「只有看過片段，怎麼了？」他把手中物品獻寶般拿出：「我這兒有兩個影帶，鐘樓怪人、羅密歐與茱麗葉，想說你是學音樂的應該會想看，你想看看嗎？」「當然好！」易爸把影帶交給我，離開前靦腆地補了句：「加西莫多好棒！我最喜歡的音樂劇角色！」

十二月天氣轉冷，易爸可愛的舉動增添了許多溫暖，法國人家中配備管式暖氣，暖烘烘地完全感受不到外邊兒接近零度的低溫，想起台灣濕冷的冬天，甚至覺得比法國難熬。

月底我將轉移到下個寄宿家庭，打從心底捨不得離開這個幫助我立足、建立信任關係的家庭，剩下的日子慢慢看完這兩齣音樂劇，以我剛萌芽的少女情懷，「羅密歐與茱麗葉」裡的俊男美女比「鐘樓怪人」裡的遊牧民族吸引眼珠，而「鐘樓怪人」裡滄桑的主角加西莫多遠不及同劇風流詩人葛林果有魅力，詩人葛林果開場的吟唱深深吸引我：「大教堂時代來臨，世界進入新的紀元，人們企圖攀及星星的高度，在彩色玻璃或石塊上，刻下自己的事蹟。」這不正是我現在的寫照嗎？

除了年代不同，我也在新世界裡找尋自己，和寄宿家庭互相在對方心裡刻下回憶，想到日子開始用減法計算，這趟原本因脫逃而成行的交換，在三個月後添加些許追尋，追尋自己真正想走的方向，認清自己的能耐與本質。

法國家庭必備感冒舒緩配方：
蜂蜜＋牛奶＋萊姆酒＋檸檬，一杯下去，暖心又暖身！

Story 8

學音樂
有三小路用？

8-1

我的人生目標？

「咪雅，你小提琴拉這麼久，以後要當小提琴家嗎？」上次搭遊艇出遊時易爸隨口問著，他一邊把船板前方攤平並細心鋪上毛巾，招呼易媽上船做日光浴，我覺得自己就像電燈泡一樣，倚在船欄回道：「如果有機會的話。」「那你要勇敢追尋夢想呀！」廣闊大海波瀾著，浪一波波地打上船身，易爸的話語是顆石子，投進腦海中引起陣陣漣漪，那些和媽媽的爭論一一浮現。

小學六年級的生日開始，一個討人厭的問題進入我的生命。吹蠟燭時，媽媽問：「咪雅，你長大夢想要做什麼？」思索片刻後我回答：「我想跳舞，去讀舞蹈班。」媽媽說：「不好！體力活，你做不來的！」怎麼會呢？我學芭蕾也學六年了，還可以空手後空翻呢！我在心裡反駁，但媽媽說不准也沒法子，只好作罷。後來同期學舞蹈的同學考上了舞蹈班，而我讀著最普通的普通班，總覺得有些可惜。

隔年生日，媽媽又問了同樣的問題，我毫不猶豫地回答：「我要當漫畫家！」媽媽又否定：「不行，那個賺不了錢！你看有哪個漫畫家賺錢的？」哪有？明明我看少女漫畫，那些漫畫家看起來都過得不錯啊！我覺得我應該可以成為「美女漫畫家」，我在心中嘀咕。國三生日時，媽媽又提起這個問題：「未來想要做什麼？」這陣子看了很多小說，心中正有許多情節在翻騰，我志氣滿滿地回答：「我想當小說家！」立馬被否定了：「不行，沒前途！你看有幾個小說家能有發展？」明明很有前途！而且我小學就看完《天龍八部》、《射雕英雄傳》與《神鵰俠侶》，國中就看完《甄嬛傳》八集及一堆宮鬥小說，閱讀量的累積我相信會是一條路。我想媽媽就是一種生來否定子女的生物吧！國中青春期的叛逆因子終於讓我受不了：「那你說，你到底想要我做什麼？什麼才會有前途？」媽媽堅定地回道：「學音樂啊！你把小提琴拉好就對了！」

媽媽是經驗老道的舵手，替我選擇音樂這條航道，有過潮湧浪翻的不適，因海風的吹襲而生疼，也曾經有過一些幻想乘風而來，剛展開雙臂想去擁抱，卻忘了不過是風，觸摸不到、一吹即逝的風。最終自己也習慣行駛在音樂航道上，卻總覺得不太了解自己。也許在媽媽的操盤下，我沒機會深入探索自己要什麼，又或許在不知不覺中，反抗媽媽這件事成為我的終極目標，以致於目標達成後我卻茫然了。如果有機會的話，想要當小提琴家，或是不當小提琴家，很簡單的選擇題，我卻遲遲無法說出口，此刻的我不確定這是媽媽的目標，還是我自己的目標。

音樂對我來說究竟是甚麼？

8-2

尋師歷險記

來到法國近兩個月，我終於上到小提琴課。這段歷經波折的尋師始於來法國前，在郵件裡問易爸有沒有認識小提琴老師時，他一開始回覆說：「肯定有」，結果到法國後他卻雙手一攤：「抱歉，真的找不著，所以沒有。」遇到隨性的法國人，我學會自力救濟，上網搜尋有關的資訊與聯絡方式，從網站到臉書地毯式地搜尋並四處寄郵件詢問，或許法國人辦事實在太隨性，過了一個月還是音訊全無的情況下，於是我開始實地造訪當地音樂院。但到音樂院時櫃檯卻聽不懂我英法夾雜的語言，「提、琴、教、授……」「沒有這個人。」「我、要、找、老、師……」「不行。」雞同鴨講許久，只得到一張音樂院介紹簡章，上面沒有任何小提琴老師的聯繫方式，雖然心中還竊喜著：「沒有上音樂也不錯」，但想到回台灣還得讀音樂系，還有虎媽每天視訊中的碎念，還是乖乖地繼續找尋。

法國的音樂院通常不是獨立的學校，會結合高中或大學的學科，像班上同學小愛就是邊上高中邊去音樂院進修聲樂課程。但問她關於小提琴老師的事，一個月後依然石沉大海。有天和小諾吃午餐時順口提起：「我想上小提琴課卻都找不到老師……」她一聽，熱心地從包包裡翻出電話號碼：「小提琴老師？我哥哥就有在上！介紹給你吧。」「她叫路老師（Luquine），好像也是雷恩音樂院的！」感動之餘不忘上網查資料，網頁資訊看來小諾介紹的老師還是個年輕的金髮美女，我半信半疑地傳簡訊，不久後便得到「想要什麼時候上課呢？」的回覆，有時人生便是這樣，無心插柳柳成蔭、有心栽花花不開，立刻約好時間準備上法國第一堂小提琴課。

老師住在市中心古蹟公寓裡，如同其他古蹟，木頭成分占整個建築比一半以上，客廳裡綠色的波斯織紋地毯與深紅色實木地板，華麗而不張揚，各式樂譜散落在角落、桌上，看似在進行樂譜整理，「嗨，我想你就是咪雅吧？」一個頭髮花白、身材嬌小的中年婦女出現在面前，穿著深紅棉質連身裙，透過無框眼鏡和藹地看著我，和照片中的金髮美女不一樣，應該是老師的母親，點頭示意：「是的！」「往這邊來開琴等一下吧！」她領著我到琴房，簡單布置過的琴房，不至於在鐵灰色隔音棉覆蓋之下顯得深冷不近人情，裡頭有台三角鋼琴，上頭鋪著刺繡樣式的布條增添溫度，譜架也是木造的，看來主人真的很喜歡木質品，從進門到現在我還沒看到什麼鐵製的物品。

「老師還沒來嗎？」詢問聲停住步出門的女士，她回頭微笑：「馬上來。」擺好譜開始調音等待老師，只見剛剛那位女士拿著小提琴走進來：「很開心可以看到你，今天想要帶給我什麼曲子呢？」愣了一下，原來這位不是老師的媽媽，她就是路老師，我真是太沒禮貌了，又是一個法國人的「照騙」！除了性別，她完全沒有符合相片任何特徵！

「啊……老師好！」我停下手邊動作，尷尬地解釋自己的小誤會。「哈哈，沒關係，照片是很久以前音樂院照的，沒更新所以不一樣，你會說法文吧？」「一點點……」「沒問題，今天想要帶給我什麼曲子呢？」「巴赫。」「太好了，來吧！」

樂曲終端g和弦的尾音一消逝，心中還正想著剛剛的失誤，「太好了！」路老師鼓掌稱讚：「對於這首樂曲你是怎麼想的呢？」這句話遲遲無法給予答覆，因為在台灣老師極少開口就是稱讚，更別說會問我怎麼想，通常是老師一個指令一個動作，沒有多餘的問答，但路老師上課開啟不同思維，她很喜歡用討論的方式引導她想說的答案，就算回答有些許偏差也無礙：「親愛的，你不用怕答錯，音樂是很主觀的一件事，但是我需要你要大膽假設。」

在路老師的帶領之下，古典音樂的人性在制式的框架之下慢慢清晰，她用琴音代替語言解釋時，音樂彷彿也跟著被分解成字句，看到分解後的音樂，像是第一次去市場看到肢解的骨頭，在這個拼湊過程中，整首樂曲變得清晰且條理可見。

雖然沒有在台灣用中文上課輕鬆，隨便用筆一寫就知道意思，連漸強跟漸弱都得示範才理解，可反之每個聲音表情都得更踏實地做到，否則老師會以為我不理解她的講解，在這堂課充分感受到音樂交流的力量。發現音樂其實沒有想像中的難，在這種交流的氛圍中，促使我接下來的課程想準備更多的音樂一起討論。在台灣時因有考試和比賽壓力，有點讓自己故步自封，好像侷限在自己劃下的小框框中，想努力變得更好，成天在指法和移把位的技術活上埋頭苦幹，卻徒勞無功。

來法國沒有學課壓力，給予喘息空間讓自己放鬆，在一來一往的琴音中，我發現自己的想法在改變，學琴帶來的壓迫感正一層一層地剝落，顯露出的是音樂本質的純真美好。

因為小提琴的語言力，音樂像傳輸乘載器，連接我們的大腦進行情感第一線的交流，我們得以馬上接收對方想法，音樂毫無掩飾的情感表現，是最真摯、無法造假的語言，造假的音樂會變得空洞且難以感動人，我喜歡透過音樂去享受感情，早些知道這門道，又何必忍受媽媽河東獅吼這麼多年呢？

走出老師家，雖然精神疲憊，心靈卻總是充實幸福。

看了網路上的圖片，我以為我要跟一位金髮辣妹老師學琴，結果……
我太膚淺了，音樂是內在的體現，怎麼能看外表呢？
這樣我更能專注在音樂上吧……

8-3

音樂是我的第二語言

經過交換學生集會的表演後，扶輪社例會也有機會表演小提琴。蹩腳法語能力不足扣下的印象分數，在音樂演出完後都加回來，看到叔叔阿姨們讚許的眼光，覺得自己增色不少，開始感激擁有這項才藝。

在學校也不例外地引人注目，最近和導師商量後，也同意讓我在法文文學課或自習課時找空教室練琴，演奏聲也會吸引同學前來，要寶二兄弟當然不例外，「凹、凹赫、油～！」（How are you?）小強蹦蹦跳跳地跳進教室。經過這些日子我已習慣他們英文口音，法國人學的是英國口音，本身就和台灣常見的美式口音有差別，再加上法文的H不發音、R發喉音，導致他們有時講英文會含糊不清，大部分的時間他們還是會把講法文的速度放慢和我溝通。

小馬緊接著跳進來：「沒想到咪雅會拉小提琴！」、「聖凡森的亞洲提琴手。」經過他們倆大聲公傳播威力，不出一節課全班都知道了，突然成為談話的中心，「欸，你知道那個亞洲女生會拉琴嗎？」、「真假？看不出來，他都安靜地待在角落。」此起彼落的言語竄進耳中，嘴角不禁勾起微笑。

上學以來，一直覺得自己在班上有些邊緣，畢竟法文能力不好，每當分組討論時也插不上話，很多時候還得麻煩同學再次翻譯才理解，超後悔在台灣沒有好好準備，懊惱自己當初的天真。沒想到小提琴讓我成為話題人物，在家時媽媽的鴨霸作為早已蒙蔽一切，自己出來闖蕩，才發現努力而生的果實正往成熟的路徑孕育著；也沒想到當初這麼想知道為何而學的答案，在這邊尋到些許因果。

因為小提琴的關係得到同學聚會邀請，也和人們更拉近距離，才藝成為一個話題、一個自然的聚光燈，從沒想過自己會需要如此吸引人注意，可是當交換學生常常會被邊緣化，有個專長進而讓大家有興趣來認識你，是一件很慶幸的事情，而這些無法預知的好處，嘗過才理解箇中滋味，稍稍體會媽媽之前的堅持。

擁有一技之長也是許多人努力的目標，而我在強壓下受迫地擁有，卻從來沒有珍惜過。

來法國上學很大的衝擊是：同班同學們都在為未來職業做打算。盤算考技職、找相關大學主修的實習、更甚者是計畫一年的「Gap Year」（空檔年），以旅行尋找心中理想。我的一年交換學生也算是空檔年，不過初衷不是為了尋找志業，是為了逃離媽媽，而在高中音樂班時期環境單純，多數同學是從小就讀音樂班，大多聚焦在考大學音樂系，對未來的道路明確且選擇也不多，極少同學會去找尋其他理想，一直讀上去的安逸也無不可。

沒有相比的好壞，但的確有程度上的文化差異，或許是外來人膚淺的看法，可法國同學看來都是自發性且有目標地學習，也可能是媽媽保護得太好，法國同學與我比較起來也顯得成熟、有看法許多。

「咪雅，週末要不要來參加我們聚會？」模特兒樣的保羅難得提出邀約，看著他自帶帥氣光芒閃耀，我心裡尖叫感謝才藝的魅力發揮作用，不過很可惜我的年末時光已預約額滿，除了搬家更換寄宿家庭，還有旅行的安排，只能忍痛拒絕得來不易的邀約。

幾個月下來的磨練，當媽媽無意間又嚷嚷起練琴一事時，傳入耳中也不再像以往如蒼蠅嗡嗡飛行般惱人，對我來說，練琴的目的性正在轉變，音樂變成一項述說的工具，而非痛苦的刑具，在執行時不再有以往難受的感覺。

音樂成為開創道路的最佳工具

8-4
閣樓小日子

十一月底，法國開始被金、銀、紅色的裝飾占領，廣場上聖誕市集已悄悄開張並多了許多臨時的木製小屋，攤販們一一進駐，叫賣著熱紅酒、聖誕麵包、薑餅、可麗餅……等誘人小吃，肉桂、月桂、丁香……溫暖的香料味滿溢街道。香料是十二月街上的主宰，小精靈似輕巧地向居民宣布聖誕的到來。我喜歡香料味的溫暖，在寒冷的冬天有撫慰人心的力量，安撫我即將換寄宿家庭的不安全感。

「咪雅，很開心可以跟你相處這些日子。」易媽遞給我一根冒著熱氣沾滿起司的麵包塊。在第一個家庭最後一次家庭聚會上，吃起法國冬日標配的起司鍋。在專門的鐵製小鍋內融化三種不同起司，加入白酒攪拌後，用鐵叉串著麵包塊、肉塊和水果，放入黃澄澄起司漩渦，拿著沾好起司的牛肉塊，趁著起司還未滑落，趕緊放入口中消滅這罪惡的幸福，享受鹹、奶香味在口腔交融。

聖誕溫馨氣氛催使之下，回憶一一浮現，視線也變得朦朧，四個月不長，卻是我住過陌生人家最長時間，也扭轉我之前在家飯來張口、茶來伸手的習性，我已經學會不再把別人的對待當作理所當然，之後還有兩個家庭的時光，相信一切只會更好。易爸舉起酒杯：「咪雅，祝你往後一樣順利，法文越來越進步！」易媽附和：「你真的進步很多，音樂家加油！很開心可以接待你。」「謝謝你們，要來台灣玩喔！」我的聲音不禁有些許哽咽，畢竟兩人就像我在法國的父母、我在法國起步的導師。清脆的酒杯敲擊聲，劃下第一個寄宿家庭的句號。

離開的那天，一切彷彿初見面，冬日低溫增添幾分蕭瑟，湖面一如往常的淡然，樹木微微擺動像是說再見，「砰！」車門關上的聲響催促著我前行，我離情依依地和易爸道別，儘管我淚眼汪汪，易爸臉上卻掛起鬆一口氣的笑容，接待交換學生對他們來說是責任，並不是一份輕鬆的差事。告別的同時也在開啟新篇章。

「咪雅，快進來！」第二個寄宿家庭的大家長多爸站在玄關處招手，我大步邁向新的階段。

閱覽資料時對多爸的第一印象，覺得他長得有點像美國老電影裡的變態殺人狂，瘦削的身材，凹陷的雙頰搭配豎直的灰白色頭髮，配戴一副金框四方眼鏡，職業也是個律師，比起易爸感覺他更一絲不苟。他的老婆——多媽是位護士，連身洋裝與整齊的金色及肩長髮襯得整個人精神奕奕，正溫婉地微笑著，最特別的是他們的小孩露西（Lucie），居然是黑髮、單眼皮、黃皮膚，典型的亞洲人樣貌，提著大包小包行李進門，露西手舞足蹈地衝上來迎接我，黑晶晶的雙眸滿是歡迎：「咪雅你終於來了！」突然醒悟之前例會時，第三個寄宿家庭的馬爸提到：「之後看到露西你們會很合的！」

多爸的家住在市區三層樓高的連棟房屋，外觀漆成綠色，先映入眼簾的是個深棕色的大木門，還有裝飾的門閂在上，和易爸家在郊外的寬敞景觀不同，是典型的市區住宅。屋內地板也不再是嶄新的大理石，而是嘎吱嘎吱作響的老木板，彷彿一不小心踏太用力就會壽終正寢，我小心翼翼地把行李搬上三樓，喘息後開始審視未來三個月住所的布置。

三樓的屋頂是斜的，我和露西住在同層樓，中間隔著多爸的畫室。我的房間不大，一張小方桌、一張單人床，床的正上方便是斜屋頂，在床上起身過猛還會撞到，床的右前方是小小的洗浴間，奇怪的是洗手台上方還有一個面對樓梯間會漏風的缺口。「咪雅，」多媽跟上樓：「這間之前是洗衣間，因為你要來所以我們改成客房。」她打開床鋪另一側的壁櫃，居然有一台洗衣機在櫃子裡：「短期無法更改，所以我們還是得來這裡洗衣服。」我轉念一想也挺好：「我很喜歡，這樣也很方便，可以直接洗衣服！」「太好了！那你東西放好就可以下樓吃飯囉！」多媽順手將窗下的暖氣轉開：「暖氣要轉才能開唷！」再次感受到不同，之前住的湖濱別墅是自帶暖氣調節系統，這裡需要手動開關，我覺得別具風味。

第二個家庭布置古色古香，房子內部空間不大，但四處擺放許多裝飾品卻不顯雜亂，顯示主人的功力。一樓的客廳裡有紅色的沙發椅，綠色的書櫃擺滿各式書籍，還有精裝版厚實封面的法律叢書，正中間火爐正燃燒木材，像是哈利波特裡會出現的房間內裝，連落地窗都有綠色木頭窗格裝飾。多爸很喜歡畫畫，房子內處處可見他的大作，他的畫室還堆疊數十幅畫作，多媽無奈地說：「沒地方擺啦！你看全都擺滿了，一直畫一直畫……」多爸一臉自豪：「咪雅你離開前，我要送你一幅！」客廳隔一扇門是廚房，四人方桌面對窗門外是小花園，沒有湖景花園的寬闊氣派，卻有小家碧玉的可愛，法國人很喜歡綠意，就算在市區只有一方小天地也要鋪上草皮，放一組戶外餐桌，露西迫不及待地想為我導覽：「外面有桌椅，還有我們自己種的花草，雖然冬天太冷不會出去用餐。」餐桌旁遍布是露西成長的相框，盡顯對她的寵愛，「這是我們當初去中國領養露西的照片、這是她周歲的照片、這是上學……」多爸眼中慈愛滿溢一一介紹並解釋露西的身世，第一次接觸到領養的家庭，除了膚色不同，他們的互動就和一般親子無異。

晚餐是番茄沙拉、歐姆雷蛋及法國麵包，不同於易媽精緻佳餚，多媽的手藝看起來樸實許多，而且顏色走深色系，蛋上那黑色的表層，我似乎在虎媽的手藝中看過類似的料理手法，多媽拿出冷凍的長棍麵包，直接放進烤箱加熱。而多爸則拿出紅酒佐餐，就算房子不大，他也有法國男人不可或缺的酒窖，就藏在樓梯下方的櫃子，一打開也是數排的紅、白酒。看露西和多爸吃得津津有味，多爸還吮指稱讚，這個家庭的生活看來也是溫馨和樂。我想大概只是在第一個家庭被易媽養得嘴刁，適應一下就沒事，在第二個家庭的第一頓餐，最美味的除了紅酒，就是飯後的起司盤，硬質、軟質起司裝得滿滿一盤，露西尤其熱愛有著捏住鼻子還是會上竄強烈霉味的藍紋起司（Gorgonzola）。

「咪雅！我會彈琴喔！」露西迫不及待想拉著我聆聽她的演奏，多爸一旁笑著看我們音樂交流，我喜歡和露西相處，第一是她用字遣詞簡單易懂，二是有共同嗜好——音樂，算是多一種共同語言，她慢慢地按著琴鍵，斷斷續續的樂句夾帶童真詮釋，我則耐心地陪伴她彈奏，我們倆音樂和法語的程度倒也互補，看來可以成為莫逆之交。看露西自發地喜愛鋼琴，我想起之前叛逆地反問：「學音樂到底有三小路用？」如果時間能倒流，我想對那時的自己說：「學音樂不能做什麼，但是有三件事是在把音樂學好後會得到的，你會打從心底很充實、很快樂、還很有耐心。」在當時的我耳裡聽起來肯定狗屁不通，還不如媽媽的無言以對高明，可是現在的我很快樂，音樂在帶來快樂的過程裡扮演大功臣。

「碰！！！」我又撞到頭了，住在閣樓的滋味原來是如此……

Story 9

跨越半個地球的愛

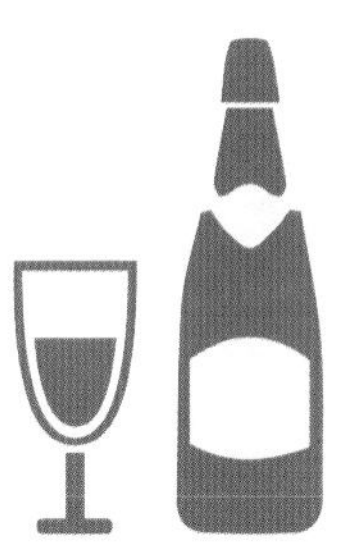

9-1

叮叮噹，鈴聲多響亮

在多爸家待不到三天，迎來兩個禮拜的聖誕假期。法國人的浪漫是時間堆砌而成的，列舉法國聞名遐邇的精緻藝術文化，音樂、繪畫、雕刻、美食、精品……無一不需要時間。因此「休憩」就是法國人最在乎的福利，法國高中生的假期多到法國政府擬定政策，把全國大致分為北、中、南三個區域放假，就怕全國交通大打結。善於休憩的能力讓法國的軟實力蓬勃發展，因為放假才有時間聽音樂會、看展覽、聚會參與哲學辯論、去鄰近國家旅遊探索，享受同時也在培養內在品味文化的能力。法國對培養青年的藝術文化可說是慷慨大方，十八歲以前幾乎所有博物館都免費，買車票、甚至參加旅遊團都有青年優惠，因為花費低廉，青少年得以有更多選擇，參觀學習成為生活的一部分，除了藝術涵養，也間接培養獨立性。

聖誕節前幾天，我帶著好夥伴「小提琴」來到雷恩火車站，準備乘坐四小時的法國高鐵TGV前往法國東北方過節，自從嘗到提琴對我的交際帶來好處後，去哪裡旅行都會自動帶上它。法國高鐵的票價跟機票一樣會隨時間浮動，時間越近就越貴，還好朋友早在兩個月前提出去他家過聖誕的邀請，提早訂票，加上青年可以購買青年卡享特別優惠，不到五十歐就能買到長途車票。第一次坐高鐵，直到坐上座位都還沒有被檢查票券，心中讚嘆著法國的文明及信任，不需要驗票設施管束旅人，結果車程不到一半就推翻了我的臆想，查票員出現在車廂門口，開始一一檢查所有人的票券，就算上網登錄過資訊，查票員也仔細地要我出示青年卡及身分，而旁邊的小姐自從查票員出現便坐立難安，原來她就是逃票的一員，結果她除了要補票還被開了張上百歐元的罰單，可說是得不償失。「你千萬要看好行李，不要睡覺，東西會被偷！」家中長輩一聽我要搭長途火車，立刻分享切膚之痛：「我上次睡著，結果整個包包跟相機不翼而飛！」一番警語讓我全程睜大眼睛，生怕弄丟昂貴的提琴，隨身行李看管沒問題，但行李箱必須擺在車廂的隔間，長輩又說：「我跟你講，小偷最喜歡趁著靠站空檔上車偷行李！」因此我只要每到站都會緊張地跑去隔間查看行李是否還在，乘車過程雖然疲憊，總歸是毫髮無傷地到達目的地。

聖誕節的車站月台特別擁擠，列車進站時經過引首盼望的人群們，看著一張張臉龐，總覺得東邊的人們比較挺拔，五官也更加銳利，刀削的雙頰、高挺的鼻梁，一下車我便在人群中就看到好友大大的鷹鉤鼻，開心地大喊：「Bastien!」朋友名叫巴斯（Bastien），是個身高一百八十三公分、身材瘦削、膚色蒼白的法國男孩，他是交換學生的學長，去年參加同一個計畫到台灣做一年交換時認識，也曾到我家作客。在第一個寄宿家庭闖禍低潮時和巴斯分享，他便提議：「如果你聖誕節沒有安排，我父母會歡迎你來的，因為在臺灣你們也有照顧我。」人的緣分很奇妙，當時在台灣認識時未曾想過會拜訪他、到他家過法式新年，俗話說：「在家靠父母，出外靠朋友。」因為認識巴斯，媽媽也放心地讓我去叨擾人家，不忘寄來數盒茶葉讓我做公關，叮囑：「老話一句，禮多人不怪！」雖然只在台灣待一年，巴斯已說得一口流利中文：「咪雅！豪～酒～不～見」，緊接著他一聲大叫：「小心！！」在雪地蹦蹦跳的我樂極生悲，行了個仆街見面禮，B爸笑著扶起我：「別激動，我太帥了對吧？你不是第一個跌倒的，沒事！」來的這些日子已經習慣法國男人的「風流倜儻」，我還沒遇到一個對自己顏值不滿意的法國人，現在連跌倒也能牽扯到自己的顏值，抬眼看笑咪咪的B爸，我想這個聖誕不用擔心氣溫的嚴寒，巴斯家肯定是笑聲滿滿。

巴斯的家被廣大森林圍繞，兩層樓的房屋，尖聳的屋頂看得出雪量又比西北法更多，純住宅區的小城沒有太多建築，只有零星平房，是與住過的兩個寄宿家庭截然不同的風景。B媽頂著棕色泡麵頭站在玄關迎接：「你來了！歡迎歡迎！」她熱情地擁抱我，就像家人一樣歡迎我的到來。一進屋看到開放式的格局，客廳連接用餐區，整個餐桌又面對落地玻璃，隔著玻璃便是廣大森林，連成一線的設計像是住在森林一般。法國東北邊的樹木比西北邊顯得高聳尖銳，無際林木暗處有種神祕感。晚餐時，B媽故意陰沉沉地說：「我們這邊垃圾不能放屋外，有時還有熊來翻垃圾呢！」「熊!?」她煞有其事地描述，把從小住在都市的我唬得一愣一愣地。「別嚇她了啦！」巴斯打斷媽媽的繪聲繪影：「我們明天要去滑雪，早點休息吧！」但就寢前望向窗外，雪中似乎真的有熊的身影穿梭。

「啪！」撕裂聲傳來，沒見到真的熊，自己倒長成了一隻熊。低頭一看，幾個月累積的脂肪，讓牛仔褲正中間的拉鍊承受不住，爆開了。一開始對易爸吃早餐抹厚奶油不解，結果時間一長，自己迷上法國奶油細緻又不厚重、化在嘴中又會有濃醇奶香的風味，無論夾入三明治或做糕點都極美味。入冬後又喜愛上濃醇的熱可可，法國咖啡館的熱可可很濃稠，有時甚至要配水才嚥得下口，在台灣炎熱天氣肯定乏人問津，但在法國寒冬是最熱門的選擇，一口糕餅配上一口熱可可，坐在溫暖的咖啡館裡看窗外雪花飄飄是冬日裡最幸福的享受。現在是人生數一數二丟臉的時刻，因為巴斯正在更衣間外等待，喊著：「咪雅你好了嗎？」

「……快好了！」我著急地尋找方法補救褲子，最後無計可施，乾脆不扣扣子，反正牛仔褲緊繃地卡在大腿上，滑雪穿的厚外套剛好遮住一切。

法國室內滑雪場很大，裡頭還有纜車，不過因為是室內的還是要依賴製雪機造雪。這次選用雙板來滑行，附上兩支雪杖，踏在白茫茫的雪中，沒有扣子束縛，肚子有韻律地隨著晃動，上場前巴斯叮嚀：「你就記得腳呈內八姿勢可以煞車。」原以為學習過直排輪對滑雪會更容易上手，沒想因為速度感和場域不同，滑雪乘風的暢快維持不到十秒，我便五體投地。「你沒事吧？」巴斯悠哉地滑過來，向我伸出手，但看向我的眼神卻從關心轉為震驚，然後略顯羞澀，貝多芬命運交響曲在我的腦中響起，莫非……我低頭一看，果然，衣服掀起來了，露出我打開的牛仔褲與粉色內褲。

雖然巴斯若無其事地扶我起身便滑走了，但這一滑在我心中滑出警訊，丟臉之下我決定克制食慾，卻發現是不可能的任務，因為沒有女兒的B媽像終於逮到機會一樣，把我當親生女兒般疼愛，整點餵食、嘘寒問暖，生怕我有一絲一毫的不適，結果我在法國努力增強軟實力的同時，硬體已超乎效率地升級了。

在法國過聖誕夜就像在台灣過除夕夜，這天所有店家都會提早打烊，人們要趕回家和親人團聚享用聖誕大餐。為了這頓聖誕大餐，B媽已耗時一個星期準備，採買食材、挑選食譜，與台灣圍爐相同，最好、最珍稀的菜餚都會在這一天出現。

「來！祝大家聖誕快樂，今年萬事順利！」B爸舉起香檳杯，餐席隨著滑順氣泡溜下喉嚨開啟，B媽使出渾身解術準備的菜餚輪番上陣，才理解B爸只挑兩樣配酒菜的原因，在兔肉凍、蝸牛、鵝肝醬猛烈攻勢下，胃已呈七分飽的狀態。

「Chaud！」（燙）B媽從廚房出菜時邊提醒，法文的燙和台語的燙念法一模一樣，都念「羞」，冒著熱氣的白煙伴舞下主菜隆重地上桌，奶油煎炒的栗子、洋蔥和馬鈴薯作為鋪墊，油光閃亮碩大的金色烤全雞霸氣地坐落之上，B媽自豪地介紹：「我特別選用閹雞，肉質軟嫩特別好吃！」切開雞身，塞滿栗子香料泥在裡頭，入口即化的雞肉和小洋蔥的清甜相得益彰，再喝一口佐餐的紅酒，口腔裡雞肉的餘味和酒的甘醇跳起恰恰，今夜每道菜都令人難忘且唇齒留香。

溫馨的聖誕夜大餐還有巴斯身兼好友和翻譯，席間談話易懂許多，笑語聲中，時針像被麋鹿偷偷拉走，不知不覺往前移動好幾格。甜點是聖誕節必吃蛋糕「Buche de Noel」（聖誕樹幹蛋糕），咖啡色慕斯外衣做成樹幹質地，妥妥地依附在圓柱巧克力蛋糕體上，糖製聖誕老人和麋鹿笑容滿面地在蛋糕上嬉戲。餐後掩住嘴打上滿足飽嗝，幸福感堆疊成聖誕老人的樣貌擁抱我，驅散離家孤獨小情懷，雖然總是想逃離媽媽，但偶爾酒酣耳熱之際，身在異鄉的不安全感還是會悄然地來，看別人家庭相處時，對家人的想念也會升起，不過巴斯家人大方和樂、盡心盡力地招待我，讓這個聖誕成為充電站，為我心靈蓄電繼續前行。

聖誕節當天一早，敲門聲在半夢半醒間闖進，巴斯在門外興奮地說：「咪雅，聖誕老人來過了，起床拆禮物！」傳說聖誕老公公會在夜半大家沉睡以後，從煙囪溜下來送禮。下樓一看，果然客廳裡的聖誕樹下，出現許多花俏外包裝的禮盒，B弟當起事務官，一一唱名領取物件：「咪雅，你的禮物。」訝異地收下，打從心底沒有預想我也會有禮物，拿著粉色包裹，打開是一雙藍色針織手套，B媽眨眼說：「你的聖誕老公公知道音樂家的手需要保暖。」會心一笑的我感激道：「謝謝！」這雙手套的溫暖，一路通往心底。

如果說易爸一家讓我賓至如歸，巴斯一家於聖誕假期盡心盡力地招待，把我當作親生孩子般送禮物與照料，則給了我真正家的感覺，回程高鐵依依不捨地和窗外的巴斯、B爸微笑揮別，隨著列車行駛收拾心情，帶著勇氣回雷恩準備融入新的家庭生活。

原來變胖的滋味如此苦澀。

Noël 聖誕節幸運地被邀請到巴斯的家過節，
吃了栗子火雞、鵝肝、樹幹蛋糕，還得到禮物，
絲毫沒有離家過節的蕭瑟感。

9-2

黃皮黑髮的法國人

小吊燈的黃光照著多爸家的古式裝潢風格，席間有種雨果小說悲慘世界的既視感，來多爸家不久，露西原先天使模樣已蕩然無存，露出惡魔的尾巴，尖叫聲每天橫掃我的精神。而夫婦倆也相當寵溺露西，總慣著她的任性。飯後的起司盤一如往常是多爸家餐食亮點所在，他們定期去專賣起司的鋪子，挑選十種不同起司品嚐，羊起司、藍紋起司、硬質起司、軟質起司……各種奇形怪狀的起司，在盤中擺出模特展示姿態，看露西興奮地拆封黏呼呼的藍起司，用手指沾上一坨伸到我的嘴邊：「咪雅妳嚐嚐，這個很強烈（fort）。」法國人從不說起司臭，就跟他們不會說物品貴同樣道理，他們只會說味道強烈，看著眼前藍白相間的坨狀物，強烈的發酵味已竄入鼻腔，和露西的玩偶味道有異曲同工之妙，我似乎能理解露西喜愛發霉起司的原因……「露西，不可以！」終於聽到多媽制止，我心中鬆一口氣。夫婦倆慣著露西有時都讓我覺得過於自由放任，要是我的虎媽早就抓狂，讓我相當不理解夫妻倆的教育。

但經過一陣子的相處後，我慢慢地理解這個家的運作模式以及露西內心的不平衡。露西是一個衝突的存在，雖然擁有黃皮黑髮的外表，打從內心和骨子裡卻是純正的法國人，語言、食物習慣、生活習性都沒有任何亞洲人的影子，卻因為亞洲人的外表，即使夫婦倆用極大的愛與包容對待，露西還是會缺乏安全感且會感到不平衡，所以常常依賴玩偶，當看見同樣膚色的我入住時無比興奮。「媽媽，為什麼我長得跟你們不一樣？」一次晚餐時間露西提問，「怎麼了？世界上大家都長得不一樣，沒有人長得一樣呀？」多媽的安慰沒有得到露西贊同：「你每次都這樣講，可是每次放學時大家都有長得一樣的爸爸媽媽來接，就是我最奇怪。」「怎麼奇怪？」多爸加入談話，露西委屈地說：「就我跟別人不一樣，同學都會說我不一樣，長得不一樣、爸爸媽媽也不一樣，為什麼不能長得一樣？」夫婦倆繼續好聲安慰，告訴著露西不一樣並不是什麼壞事，雖然時間就能夠教育且讓露西理解一切，畢竟能夠被領養到法國也算好事一樁，而且夫婦倆並沒有因為領養就給予較少的愛，在旁觀者如我的眼中看來，夫婦倆對露西花費的心力絕不亞於親生的孩子，在他們家，沒有像虎媽那種理所當然的親子命令：「你就是要ＯＯＸＸ」、「我叫你給我ＯＯＸＸ」，更不曾聽到夫婦倆在爭吵時像虎媽那般失控說出：「你不是我生的！」取而代之是講道理式的好言相勸，雖然在嚴厲管束中成長的我對這種方式抱持懷疑，卻不得不承認夫婦倆將露西照顧得很好，也花費十分心力補足露西的自我認同感。

原以為事情便會這樣不了了之，沒想到多媽在我睡前敲了我的房門：「咪雅，想拜託你，明天可不可以去接露西下課？」「明天？」「對，我本來有請保姆去，但想著露西今天的話，想說你能不能幫這個忙？」多媽也是個職業婦女，身為護士的她常常因排班所以時間不穩定，加上老公也還在職業上升期，倆人都還在努力的階段，不像第一個家庭那般大局已定的優渥，加上年幼的女兒露西，必須在工作與家庭之間奔波掙扎，不得不請保母幫忙照看露西。而這種情況似曾相識，身為職業婦女的虎媽也常常必須請託別人照看我，雖然大家都說法國人崇尚自由、生活無拘無束，但在我看來法國人非常重視家庭觀念，除了一定要聚在一起吃晚餐，夫婦倆閒暇時間也幾乎都在陪伴小孩，生活圍繞著露西打轉。既然多媽都開口，我義不容辭地應下。

隔天準時來到露西的小學門口，門口隱身在一排普通民宅間，像是圍著普通車庫般低調的鐵欄杆，鐵灰色的通道望進去依稀看得到操場，等待小孩人群中我是年紀最輕、頭髮最黑的，「哇，你好年輕唷，是新來的保姆嗎？」一旁看起來是阿嬤的家長和藹地問，「我……我是姊姊啦！」我慌忙否認，沒想到從打掃的工作做起，現在還晉升保母，我的業務可真是蒸蒸日上，「咪雅!!」露西興奮地衝出校門，一把抱住我：「媽媽說你要來接我，我以為她在騙人。」我眼觀四方，在五官深邃的人群中我們的確長得特別顯眼，「掰掰，我姊姊來接我了！」露西牽著我的手，炫耀似地和同學道再見，只見一群小朋友吱吱喳喳討論聲四起：「你看，露西有姊姊」、「哇，真的長得很像」、「好酷喔，我也想要姊姊。」不禁對她的行徑莞爾。分析露西吵鬧的原因，不外乎是聚焦大家注意力的聚光燈，增強存在感抓取家人的關心，她的願望其實很簡單，在尋找自我認同的道路上，她想要一個認同自己的機會，而我的到來恰好成為這個契機。

我的第二個寄宿家庭，多爸（Dominique）、多媽（Catherine）與失控的妹妹露西（Lucie）。

某日一口一個迷你可頌，我看著露西用原子筆在紙上勾勒字母：「你不用鉛筆寫嗎？」露西點頭：「對啊！小學一年級的時候有用，現在沒有。」說完獻寶似地把筆記本推給我：「我寫得很漂亮吧？」法國學生筆記本由滿滿小方格組成，和台灣通常買到的行列式不同，露西字跡工整地排列，翻看之前的功課，整本都沒有立可帶塗抹痕跡，寫錯就劃掉重寫，所有的錯誤一目了然無法粉飾太平，與我在學校習慣用鉛筆寫作業不同，因為無法塗掉更改，所以露西必須更專注地完成功課，這種方法反倒讓學習事半功倍，我想起在法國上課時，老師也曾叫我不要一直抄寫，要我認真聽講，原來是從小養成的學習習慣不同，各有利弊，但在法國這種做法似乎更能夠讓大腦運轉思考。認真的露西和無理取鬧的她判若兩人，自從上次去接露西放學，她便越來越黏我，現在從保母晉升家教，回家還得陪她寫作業。

「咪雅，你可不可以來我班上表演小提琴？」露西扯著我的衣角，身子像毛毛蟲般扭來扭去，「為什麼？」「因為……這樣別人會很羨慕我有很棒的姊姊，而且之前有壞同學會笑我。」單純的心思全寫在小女孩臉上，無非是想在同學前扳回一城，而我碰巧成為最好的展品，我已經完全抓到她的伎倆，她討厭被忽視的感覺，喜歡讓大家的注意力聚焦在身上，我嘆口氣：「好吧，如果你以後不再把Dodo拿到我的房間裡。」露西開心尖叫：「耶！而且咪雅你長得像花木蘭，我朋友會超愛你。」聽這話我眉頭一皺，這臭小孩指的是木蘭無長兄，還是因為長胖而上揚的眼角呢？

本以為露西只是隨口問問，沒想到為了達成目標，她除了和多媽請求，自己還寫了封信給老師，法國的小學老師思維也很開放，就這麼訂下日期要我去演出。「謝謝你來，我覺得讓學生們提早看到不同領域、不同工作的人們也是很好的機會。」到露西學校時，導師還和我道謝。「我們用掌聲歡迎露西的姊姊！」在露西導師介紹下，我自信地走上講台，下巴靠上琴，演奏選自法國作曲家聖桑小提琴奏鳴曲中的片段，台下數十雙眼珠亮晶晶地閃爍著好奇。拉奏樂曲的同時，台下鴉雀無聲，小朋友們屏氣凝神地盯著我的動作，突然讓我覺得自己身負責任，雖然只是演奏一曲，卻有可能在他們生命留下印記，就如此情此景我將永遠記得一樣，記得自己作為姊姊，來讓露西風光一回。琴音收尾，小朋友們大力鼓掌，導師發話：「大家有沒有甚麼問題想問呢？」「我！」一個捲髮小男孩高舉雙手：「我也有學小提琴，請問要練多久才可以拉這首歌？」「十三年，我學了十三年。」「哇，你學的時間都比我的年紀還要多年！」小男孩動著小手指數數。不像在台灣時，發問通常乏人問津，法國的小朋友有數不清的問題，爭先恐後地舉手，還得讓老師說：「好了！最後一個問題！」才能結束比演出時間還要長的Q＆A，一個黑人小女孩問最後一個問題：「你是不是花木蘭？」「呃……」我看著導師發噱的表情，還有台下小孩們期待的表情：「如果木蘭會拉小提琴的話。」走出校園時，露西牽著我，志得意滿地跟同學說：「這是我姊姊喔，她叫咪雅！」

露西嘴中總咬著的 Dodo，是法國小孩人手一隻的布娃娃，
不過露西特別可怕，每天咬在嘴中，充滿口水酸臭味。
而且因為親近許多，她會想跟我分享：「咪雅，送你！」
然後真心地把 dodo 放在我的枕頭上⋯⋯

9-3

喋喋不休的法國大叔

「Coucou!」（哈囉）多爸從外頭進門抖下雪霜後掛上大衣，一月的西北法在零下度過，上班族迫不及待地回到家的溫暖懷抱，迎面來的是女兒章魚腳纏繞的歡迎式：「爸比我做了餅乾給你吃。」露西是精力旺盛的小惡魔，今天下午又幫忙照看了她，結果她提議要做餅乾給父母吃，明明是小學生，卻有許多做菜方面的見解：「我覺得應該要先融化奶油……」、「我是這麼想的，糖要加很多。」我想露西有得到媽媽的真傳，最終陪她在廚房中搗鼓出烏漆墨黑的餅乾。之前還會疑惑露西這麼多意見和想法到底從何而來，沒過多久就在和多爸的相處中找到答案。

多爸生得一張嚴肅不苟言笑的臉，興趣又是畫畫跟聽古典樂，原以為是個沉默寡言的男子，實則是個聒噪的大叔，法國人本來就愛講話，但多爸更是人中之最，能夠從進門到吃完晚餐嘰哩呱啦地說不停。一開始我還會正襟危坐，乖乖地聽他高談闊論，時間一久逐漸失去耐心，因為身為律師的他，有時講述的議題實在太艱深，如：法國的公共衛生、移民法以及非法移民……等，來的這些日子，我領悟到與法國人交談的精髓，只要一直說：「Oui」（是），偶爾加個：「Ah bon?」（真的嗎），加上誠懇凝視的神情，法國人就可以滔滔不絕如江水地繼續，甚至不會反問問題，這招屢試不爽，在與多爸的交談中也適用，而且多爸總在我點頭說了數十個「Oui」以後，才會發現我茫然的神情。

「……我覺得政府應該要多做改良政策，對吧？」

「Oui」

「而且就律師角度來看……你今天有看到新聞嗎？」

「Oui」

「也不是我要抱怨，但是法國真的福利制度有問題。」

「Ah bon?」

「咪雅關於我的論點你覺得如何？」

「Oui……什麼？」

「啊？咪雅你剛剛都聽得懂嗎？」

「Oui……不，我不懂……」我無力地回應，精神早已渙散，又不好意思離席。有次真的受不了，試圖以起身打斷多爸的高談闊論，沒想到剛起身就被多媽制止：「多爸還沒講完呢！」喪氣地坐回座位，繼續看大叔口沫橫飛的演說，來法國後十分慶幸自己有學習小提琴訓練的定性耐心，不然大概早就受不了抗爭離席。第一次懷念媽媽的碎碎念，至少還在聽得懂的範疇之內，現在想起來倒也沒有像以前那般討人厭。不過事情都是一體兩面的，密集接受大叔演講的好處是我的法語飛快地進步，慢慢地我從只有一句的回應，進展到可以說出數句的完整論點，而且在學校上課，甚至可以拿多爸在家和我講述的事情當做報告主題，回家繼續和他商討辯論，能讓他繼續高談闊論，我又能做作業，一舉兩得。

聽法國人發表長篇大論，就算只聽第一句和最後一句還是能聽得懂，
由此可見他們對一件事的觀點可以分析得多鉅細靡遺，
繞了一大圈還在同個觀點上。

9-4

天下父母心

「Ohlala～～好大喔～～」三個法國人輪流捧著手臂長度的白蘿蔔審視，驚嘆道：「從沒看過這麼大的蘿蔔。」在第一個家庭做過飲食交流，來到第二個家庭故技重施，一身好廚藝比起伴手禮更能在異鄉實現國民外交。多爸一家沒有海濱別墅，也沒有遊艇，「比起買那些奢侈品，我們覺得旅遊更可以豐富心靈」多媽說，他們每年都會出國旅遊，尤其喜歡拜訪亞洲，家中也滿是各地搜集回來的戰利品，甚至還有一尊千手觀音，她指著壁櫥上方：「結果上次去東京買了這個，咪雅你知道怎麼用嗎？」定睛一看，原來是個小蒸籠，剛好最近在逛亞洲超市時發現便宜的白蘿蔔，我決定加以運用施展外交能力。挑選一個假日的下午，變出白胖胖的蘿蔔糕、滷肉飯加燙青菜，因為常去亞洲旅遊，家中筷子、醬料碟子也一應俱全。

煎糕一上桌，多爸迫不及待地叉起蘿蔔糕沾甜辣醬：「好香！對了！我在香港吃過這個。」滷肉飯也得到喜愛，爆香是法國菜餚裡少見的手法，煸過的豬五花肉加入醬油與辛香料，撲鼻香味大搖大擺橫行在屋子中，中式的氣氛立刻占據法國人的房屋，我像小當家參加比賽，屏息盯著多媽將滷肉飯送下口中：「配飯很好吃，不過燙青江菜好奇怪，為什麼要吃沒味道的菜？」法國人沒有吃炒熟或是煮熟葉菜的習慣，大多都以沙拉及根莖類植物當作蔬菜來源，這倒是意料中的反應。但令人意外的是花費數個小時燉煮的珍珠奶茶乏人問津，多爸咀嚼珍珠：「嗯……有趣的味道，像在吞口香糖。」多媽說：「黏糊糊的，有點怕噎到……」「我們在台灣可是天天一杯珍珠奶茶呢！」我驚呼。多爸想了想回說：「在法國真的很少喝奶茶，通常就早上喝果汁，下午喝一小杯expresso，沒什麼街邊飲料，你看雷恩一家星巴克都沒有，我一開始去亞洲真是嘆為觀止，但我還是比較喜歡我們的咖啡廳。」看著面前一大鍋珍珠，我苦惱著處理方式：「嗯……你們都去亞洲的哪裡旅遊？」多爸說：「去過東京、北京，還為了接露西去河北！」我疑惑：「比我去的還多，你們得飛去帶她呀？」多媽接話：「當然！她可沒翅膀自己飛來，而且就是個小嬰兒，第一次還沒要領養，但是看到她第一眼，她好像已經認識我們一樣，還會對我們笑哩！這就是緣分吧！後來我們辦手續去帶她時，回法國的飛機上她完全沒哭鬧，像早知道我們會去接她回家。」我想他們一家應該沒有隱藏的祕密，露西像是聽過很多次這個故事，笑著跑去拿照片佐證：「咪雅你看，這是爸爸媽媽來接我的照片！」夫婦倆穿著冬衣，露西安穩地躺在嬰兒車中，一家三口站在古厝前合影。

我不知道要有多大的愛才能跨過種族、橫越大陸成就一段親情，這是在家安逸的我從沒見過的事情，對我來說父母關愛是生而存在的理所當然，可對他們一家三口來說，卻是得來不易的生命習題，因為喜歡亞洲文化以及和露西注定的緣分，決定歷經多關審批文件、千里迢迢地領養亞洲小孩，就算前方還是存在阻礙，我相信以夫婦倆的愛，還有露西小小年紀便能自己抓住幸福的敏銳，無論是否親生，這小鬼頭一定可以剷平困難、安然成長的。

虎媽與多爸家的教育共同點，同樣非常注重孩子的外語及才藝。夫婦倆很重視露西的外語能力，法國小學有必修的英文課，到高年級還可以選第三外語，看是要上西班牙文或是德文，除了學校課程，才藝課有鋼琴家教，多爸閒暇之餘還會教女兒畫油畫，甚至已經規劃年後要上騎馬課程，雖然膚色無法改變，可夫婦倆對露西種種設想與用心程度早已跨越血緣關係，甚至比許多親生父母給予的關懷有過之而無不及。

天下父母心，只要是為了孩子好，不管是摘星星、摘月亮，父母都有雖千萬人吾往矣的熱忱與勇氣。多爸是，我的虎媽也是。但孩子終歸只是孩子，沒辦法想到太久遠的將來，只看得到當下他累、他煩、想玩想偷懶，於是衝突一觸即發。露西比起同年紀的小學生其實更獨立自主，但她也會挾著父母的寵愛，吵鬧耍賴，並非真的使壞，就是想要試探父母的底線，看看爸爸媽媽什麼時候會爆炸。我在露西身上看到曾經的自己，只是多爸夫妻在露西吵鬧時，會試著跟她溝通，聽她說話，無論孩子的講法有多不成熟，他們還是會換個方式和她討論，而我的虎媽一貫高壓統治。很難說誰的教育方式比較高明，因為我不是露西，我們學習的背景相似但並不相同。我雖然羨慕露西有發表自己意見的機會，但也感謝虎媽對我的緊迫盯人，因為那時候，我確實需要有人拉住我，為我建立準則。我捫心自問，在我與媽媽爭吵時，其實我是有部分認同媽媽觀點的，我不認為學音樂真的沒用，我也喜歡音樂，但我就是要為反對而反對，不想走媽媽安排好的路，我急於想要證明我自己，但忽略了我還是個孩子，是個在善惡界線越來越模糊的社會觀裡，意志容易被動搖、一不小心就迷途的孩子。想著想著，媽媽那句「你長大就會懂」突然閃進腦海，有些想法卻又不是那麼肯定，或許我還是不懂媽媽行為背後的真正意義，但我試著站在媽媽的角度思考，從前那些不滿、憤怒、委曲……似乎也不是那麼難以面對。

生活在別人的家庭，反思虎媽的行徑。
雖然我跟她說謝謝，她也只會叫我繼續去練琴。
但我心底對她還是有愛吧？

Story 10

生活的真實面貌

10-1

口渴街

法文加強班就像一場戰役，交換學生一同對抗可怕的厲女士，也因此產生革命情感，交換學生間的感情特別緊密。我有一位戰友——墨西哥美女黛安娜（Diana），同為十八歲的女孩，很快地就從食衣住行育樂中找到話題聊起天。

她口中的墨西哥，聽起來是我摸不著邊際的花花世界；派對到天亮、槍響就在街邊，她聳聳肩：「習慣啦！有些街區比較危險，反正不要和毒販有瓜葛就對了。相比起來，法文班的老師還更可怕哩！」她嗤嗤笑了幾聲：「那你在台灣的生活呢？」「上學、放學、練琴……」「哇……聽起來可能有趣，不過我相信你需要多跟我一起聚會，不如就今天吧！今天是星期五，晚上我有朋友的聚會要去口渴街，要一起去嗎？」「口渴街是什麼？」「就是古城區裡的一條街呀，你不知道嗎？」我否定的表情更讓她堅信要叫我一起出去玩。

雷恩的口渴街（Rue de la soif）是全法國酒吧密度最高的街道，全長不到三百公尺，但每七公尺就有一間酒吧，再加上周圍整個街區的酒吧，讓雷恩老城區在夜晚染上魅惑的新風貌，原本播放輕音樂的小酒館（Bistro），到夜晚也成為酒吧，改播電子音樂，一家家酒吧比拚著音響重低音的質量，年輕人也把最新潮、時尚的打扮穿出門，在口渴街豪擲燦爛的青春年華，越夜人聲越鼎沸。媽媽老是說流行音樂都是靡靡之音，常聽重低音耳朵會壞掉，看著大家隨著音樂搖擺，神情輕鬆愉悅，我覺得媽媽說的似乎也不是那麼正確，應該只是想騙我專心練琴的推託之詞吧！哎呀我的媽，離家這麼久，你在我腦海中強勢登場的次數似乎越來越頻繁了！

酒吧街熱鬧氣氛有點像台灣辦桌，你可以拿著飲料玻璃杯，在不同的酒吧（餐桌）穿梭，找認識的朋友聊天或是搭訕新朋友，記得最後把杯子還回去即可，很有趣且有特色的一條街。我像劉姥姥逛大觀園般地大開眼界，跟著黛安娜的腳步奔向我一直想體會的「長大的感覺」。

「借過，借過！」黛安娜小小個頭牽著我往一間小酒吧裡鑽，人們在震耳欲聾的電子音樂中盡情舞動身軀，音樂聲中夾雜黛安娜的叫嚷：「咪雅！跳舞！」「可是我不太會……」「別耍彆扭！」看她把手舉高跟著音樂左右搖擺，讓我也跟著這麼做，發現周遭的人也都沉醉在音樂之中，幾首歌後我也不管舞姿美醜放膽跳起來。突然對自己以前掛在嘴邊的「我不會，所以不行！」、「我不敢，所以不要！」這些自我設限的語句感到困惑，明明人生有無限可能，從小卻常因太在乎別人眼光，拘泥自己在一方小框架中，來到法國一次又一次新的嘗試，讓我認清自己的渺小不足，鼓起勇氣去茁壯充實。

搖頭晃腦之下與旁人對到眼，數次被稱讚，甚至被搭訕：「美女，你自己一人嗎？」「噢不，我跟朋友來。」現在的我懂得用微笑為搭訕話語禮貌性地畫上句點。一開始在法國被搭訕，路人隨口一句：「你好可愛！」都能讓我頭也不回地拔腿狂奔。回想高中時，有被怪叔叔搭訕後尾隨的經驗，那時嚇得我躲到雞排店求救，因此對陌生人太親暱的話語都相當戒備。適應法國文化後，發現法國對人與人之間的界線並不像我生長環境教育的那般壁壘分明和牢不可破，從打招呼的親吻、陌生人路過時互相問好、乃至搭訕，都是人之常情、再正常不過的事情，我也鮮少遇到不禮貌或惡意的對待，大部分都是善意的表現。我遇過年輕獨身男子的搭訕，堅持幫我付掉咖啡錢；還有一位女孩的搭訕，因為她正在學中文想交流，我們也因此成為朋友，隻身在外警戒心固然重要，卻無須故步自封地隔絕自己。

「抱歉！」一個碰撞將我從思緒中拉回。酒吧越晚越擁擠，朋友突然問我要不要sex on the beach，我驚恐了，以光速回答：「不要！」，心裡想到媽媽出門前千叮嚀萬囑咐：「我不想太早當阿嬤！」黛安娜看我激烈的反應後大笑：「那是酒的名字。」腦袋一時還反應不過來。此時一個清秀的短髮法國女生，臉上掛著討好的微笑慢慢往我們靠近：「妳好漂亮，可以認識你嗎？」她對黛安娜說。在黛安娜轉頭應對時，我和其他朋友到酒吧外頭透氣聊天，看時間也差不多該去趕公車了。口渴街白天是靜謐優雅的淑女，夜晚披上狂歡氣息成為性感辣妹，還在欣賞街上享受氣氛的人們，黛安娜拿著包包跑出酒吧：「我們差不多可以

離開了。」「咦，你不是還在跟那個女生聊天嗎？」其他朋友疑惑，看她一臉驚恐地說：「她剛剛差點強吻我耶！我們快走吧！」無關國籍、不分男女，搭訕是門大學問，一旦拿捏不好便會從愛慕越線成騷擾。

10-2

人情冷暖的成長

除了血濺事件，出國的這幾個月，我從沒動過終止交換的念頭，就算購物被銷售員唬得一愣一愣，心底都覺得是學習的好經驗，但是現在遇到的危機卻讓我無比想家。

繼上回在易爸家感冒，我再次中標，而且這次病毒來勢洶洶，大概是逛街逛得太認真而被傳染，在床上昏沉兩天後，請託多媽帶我去看醫生，「我幫你預約，家庭醫師說後天可以去。」多媽掛電話後告知，在法國醫病還要等待醫師有空的時間？另一個文化差異的震撼，無論如何我已知足，還好住在寄宿家庭，法國本地人都有固定配合的家庭醫師，若去一般醫院門診，我大概得等待更久。

度過漫長兩天，承受全身痠痛無力和喉嚨的痛楚，喪屍般跟著多媽行走二十分鐘的路程，這個法國冬日據說是近幾年來最寒冷的，有幾天還凍到學校都停了課，我搓著手終於走到目的地。診所位在鐵灰色水泥建築中，沒有任何招牌辨識，唯一提示的只有小小門鈴上貼著「docteur」（醫生）的紙片。候診間像普通客廳，只是多放上幾張椅子讓客人等候，木製地板、地毯、沙發、牆上照片，溫馨布置緩解病痛帶來的緊繃。

「嗨，聽說你重感冒呀？」帶著圓眼鏡的中年男醫師微笑關心，穿著一身潔白醫師袍坐在辦公桌前，診間像一般書房，只是多張診療床，毫無冰冷氣息。他悉心敲敲肚子檢查腸胃，探看喉嚨情況，不到五分鐘就拿到藥單，醫師叮囑：「領藥完回家好好休息。」本以為要在診所領藥，多媽說：「不，我們要去藥局才能領藥。」在她帶領下，又慢慢走上十五分鐘到藥局，相比下台灣的醫療方便許多，也特別想念之前生病時家人無微不至的關心照料。國情不同，行事作風也會不同，我完全理解多媽沒有惡意，在她眼中十八歲的我已是獨立自主的成年人，而她只是用對待成人的方式對待我。

在城中折騰一番，回家吞藥後，爬回小閣樓倒頭呼呼大睡，再睜眼時夜已深，窗外零星飄著雪，露西大概看我在休息，未像往常來吆喝我吃飯，藥效發作加上休息過後倒覺得精神許多。

生病時特別脆弱。

現在是晚上十點半，其他人已在房裡準備就寢，整間房子靜悄悄地，因為法國人習慣早上洗澡，之前我從善如流跟著照做，可是今天我就想任性一回洗個晚安澡，用熱水澡沖去一身病氣。蓮蓬頭灑水滴答聲劃破寂靜，熱水從頭淋下，驅散多天來身體對抗病魔的疲勞。沒過多久，還在享受水療治癒效果，水溫突然急轉直下，幾秒後只剩下冰冷的水柱，滿身泡沫的我哆嗦地嘗試所有方法，就是喚不回救命熱水。之前就有預兆，熱水會在洗澡快結束時消逝，可當時都沒多想，以為是他們家洗戰鬥澡的習慣，結果今天來這麼個大驚嚇。

衣不蔽體的情況下，也不好意思大聲呼救。雪上加霜的是狡猾寒氣難得逮到機會，躡手躡腳地從牆壁上方長方形的缺口竄進，騷擾全身光溜溜的我。賣火柴小女孩凍僵的境遇實實在在地降臨在我身上，但此刻我更悲慘地，連劃火柴引出幻象的能力都沒有，絕望地蹲在角落，唯一溫熱的水源竟是淚滴。

敲門聲響起，多媽在門外問：「咪雅！是不是沒熱水？你如果要洗澡，我們要開熱水器。」身心俱疲的我接收到如此訊息，對於之前熱水情況也恍然大悟：

「沒關係，我洗完了。」「啊！那就好。」隨著多媽腳步咚咚咚離去，心底委屈無法抒發，媽媽剛好打來：「哈囉～～你感冒有沒有好一點？有看醫生了吧？」「有……」鼻涕隨著說話流下。「哇？你鼻音好重？都還好吧？」「還好……」聽著媽媽周圍吵雜的環境音，我問：「你在幹嘛？」「我這邊下午五點啦！還在工作，那你早點休息喔！沒有什麼問題吧？」

平常不屑一顧的關心，現在卻無比動人，再度擤擤鼻涕：「嗯，大家都很照顧我。」「那就好！我先忙！」「好！」掛掉電話後，忍不住把臉埋進枕頭中號啕大哭，在家是捧在手掌心的小公主，何曾受過此等對待？出國後總努力創造自己存在感，但我意識到無論如何努力，也不會有人跟家人同等地無悔付出。當真的要和媽媽要抱怨時，卻吐不出半個字。想到所有認識的長輩們賦予的期許，就算受再大的委屈，愛面子的我也不可能中斷交換之行，擦乾眼淚又是一尾活龍。

我以為自己最大的敵人是媽媽，她是我逃來法國的原因，可這原因造成的結果反倒加速成長齒輪，迫使我面對長大的習題，現實輾壓固有習慣的世界，讓我發現更大的敵人是那個身在安逸庇護傘下而忽視外邊真實世界的自己，最令我難過的是自己原來是如此脆弱與不堪一擊，並非媽媽口中的好棒棒、小乖乖、第一名。冷水澡事件後，我相信沒有人有義務與理所當然地付出，想要別人的愛便要努力贏得，要是別人對你不夠好？那大概是不夠努力。

為什麼浴室會有一個漏風的洞口啊？

10-3

美味的義式臘腸

法國學生很幸福，每兩個月就放兩個星期的假，依序是感恩假期（十月底）、聖誕假期（十二月底）、寒假（二月中）、春假（四月中）。

在多爸家時間過得特別快，聖誕才剛過，寒假緊接著到來。我的浴室原本是露西的，不過我寄宿期間她暫用三樓父母浴室，把空間讓給我，睡前才來刷牙。她嘴中塞著牙刷含糊道：「你又要出去玩了喔？」「對啊！」我收拾衣物行李，這次要乘坐火車去巴黎和上百個交換學生會合，一起搭巴士前往西班牙旅行一週，露西吐掉泡沫：「好好喔！那你帶我去啦！」轉身試圖把自己彎折進行李箱中，嬉鬧之中意識到這種日子也開始倒數計時，剩不到一個月的時間，我又將轉往最後一個寄宿家庭。

「超麻煩，我的寄宿家庭規定，每次洗手後都要用布把整個洗手台面和把手擦乾淨。」玻利維亞男孩小易聳肩抱怨，我笑著安慰他：「我住在閣樓，除了會撞到頭，偶爾會沒熱水，其他滿方便的，附加隨時可以洗衣服的福利。」

交換學生陸陸續續到達集合點，上巴士等待其餘人到齊，開始換位子和好友坐一塊兒，不意外大致還是以語言為區域，南美人占據車尾搖滾區，亞洲人在車的前段，中段是歐洲與美國人。

英語領隊上車後巴士便啟動，車隊浩浩蕩蕩地出發，這次相比初來法國坐巴士的氣氛截然不同，拘束緊張感不再，滿是歡樂與興奮之情。

途中停靠點相當特別，第一個是法國南邊城市土魯茲（Toulouse），因使用紅土作為主要建材，又有別名為玫瑰城，第二個是附近知名的卡爾卡松（Carcassonne）古城，擁有長達三公里的內外雙城牆，以及城中被列為世界文化遺產的中世紀古堡和運河。徒步參觀古城後交換學生們一哄而散，分組自由活動在城中覓食，而我們西北法區域的交換學生剛好都在同個餐館。

「聽說呀，有一對交換學生在集會的時候，不但沒來開會，跑去正隔壁間幽會，結果太激情，主委循聲而來直接把他們遣返回國。」里歐神祕兮兮地說，話題成功引起大家注意。人際關係總是青少年們最感興趣的事，等待餐食同時大夥熱烈討論，不外乎某男正四處釣魚找伴、誰與誰又傳出緋聞，默默旁聽的我毫無插話意願，只覺得他們的話題不會發生在我身上，咕嚕叫響的肚子抗議著飢餓。

主餐陸續上桌，雖然我的肉醬麵不錯吃，可是對面小易的Salami（義式臘腸）燉飯卻顯得更加美味，嘴饞之下厚顏開口：「小易，我可以吃吃看你的Salami？」本該平凡的問句卻引來哄堂大笑，小易面有難色地回答：「不好吧？如果你堅持的話，但我不太想要。」「我的天！咪雅知道你在說什麼嗎？」祕魯女孩笑得上氣不接下氣，看著全桌無論男女訕笑眼光，我還是一頭霧水：「什麼？」阿根廷女孩好心解釋：「咪雅……你這樣有點性暗示。」腦子裡嗡地一聲，恍然大悟下又氣又羞地耳根通紅，氣自己無知、羞自己上秒還在鄙視他們言論，下秒自己創造此種境地，沒多久謠言傳遍各處，大家都知道我的提議……。

不過馬不停蹄的觀光讓我沒時間懊惱，進到西班牙的第一站是達利美術館，超現實主義大師打造怪誕詭奇的外觀，第一眼就顛覆訪客對建築的常規視覺，紅色牆面黏著麵包，外剛內柔的麵包象徵隱藏的情慾，牆頂排列米白蛋形模型，是他視為孕育象徵的藝術元素，美術館裡頭色彩鮮豔的畫、利用實物排列創造錯視，達利說過：「我沒有服藥，我就是藥物。」走進美術館的旅程，就像服藥進入詭譎夢境。

南下前往巴賽隆納，「上帝的建築師」高第建造的巴特屢、米拉之家，標新立異地聳立市中心，興建百年還未竣工的聖家堂，遵從高第崇尚自然形態的建築品味，哥德式外貌用的是泥土原色，遠看像坨奇形怪狀的土堆，近看卻是滿滿的雕刻塑像，內部是透過彩繪玻璃折射出五顏六色的石柱森林，建築線條圓滑連貫地不可思議，看到這些偉大的古蹟，心中的敬佩和感謝油然而生。

短暫自由活動時間，我和台北女孩芭比拔腿跑向不遠處的咖啡廳，一嚐Churros（西班牙油條）配熱巧克力的滋味，熱騰騰的Churros裡邊軟得稍似馬鈴薯泥，一口咬下炸得剛好的酥脆外皮發出喀滋響聲，泡進熱巧克力又是另一種滋味。

「謝謝！愛你！」中東老闆挺著大肚腩搞笑地說中文，身處觀光區的店特別國際化。總體來說，無論人文或食物，西班牙比起法國給人較奔放的感覺，西班牙油條與法式可麗餅的差別，就像西班牙人跳佛朗明哥吃小菜（Tapas）的爽快，法國人跳華爾滋吃排餐的優雅。

別人碗中的菜色看起來也很可口，
我問了旁邊的男孩：「我可以吃你的 salami 嗎？」

10-4

國王派的心願

從旅行回來後過上兩星期的日常生活，也到了和多家一家情緣的尾聲。離開的前一晚，一一與小閣樓、洗衣機、有洞的浴室道別。住到這個家庭，雖然一開始覺得自己像灰姑娘，但在相處後，對善良的一家人也有了不捨的感情，喋喋不休的爸爸、煮菜很黑的媽媽以及親妹妹般的露西，年初吃慶祝新年的國王餅時，露西拿到餅中傳說乘載著一整年幸運的瓷偶，她開心地塞到我手中：「咪雅我要把幸運給你，這樣你就不會忘記我，是我姊姊。」

離開之際灰姑娘沒有變成公主，反而變成頭小豬，可見日子在他們照料下是足夠愜意。大口把角落那罐吃到一半的巧克力醬打包進嘴裡，輕輕地我來了，重重地我走了，帶著無限生長的肚肉，前往下一個家庭繼續我的交換人生。

Galette des rois 國王派是法國每年年初必吃的糕點，
酥皮內包著杏仁餡，搭著黑咖啡一起吃是絕配。

Story II

重生的洗禮

11-1

回頭是岸的老公

第三個家庭的家長是商人馬爸與會計師馬媽，馬爸有一頭亂中有序的白髮，穿著時髦，上次看到他穿了條酒紅色的牛仔褲配大ＬＯＧＯ的名牌樂福鞋，和馬媽恰恰相反，因為職業的關係馬媽總是穿著襯衫配褲子，髮型也是保守的鮑伯頭。夫婦倆的英文是三個家庭中水平最高的一對，尤其馬爸經營外銷生意，常常需要出國出差，英語能力相當好。他們育有三個兒子，老大與老二早已成年離家打拚，意外得來的老三賈克年紀和哥哥們相差大，還在唸國中。

他們住在雷恩東北方郊區的小鎮，房子是面森林的兩層獨棟房屋。我的房間緊鄰賈克的房間，第一天入住時他正在上電貝斯課程，從他的門縫中看見金髮娃娃頭男孩，認真地跟著老師指揮彈奏著。和上一個房間一樣，房內有斜屋頂，屋頂斜面上有面大玻璃窗，望出去是充滿綠意的花園及森林大樹，夜晚時甚至可以爬出窗外坐在屋頂上觀星。小鎮生活自然悠閒，比較特別的是家的旁邊有間教堂，準點時會有響亮的鐘聲，祝福似地傳送到小鎮每個角落。不遠處還有條運河，初春到來時，馬爸喜歡沿著運河跑步，順便吸收森林的芬多精。交通也相當方便，坐半小時的公車就到市中心，之前在台灣坐上半小時都覺得遠，法國生活相對步調比較緩慢，一小時內的車程都算是「快」。

第三個寄宿家庭也是我適應最快的家庭，一是在已經相當習慣法國生活、語文沒問題外，也常常在扶輪活動或是聚會遇到馬爸和馬媽，不算是從陌生開始相處，二是馬爸長年往返泰國經商，相當習慣亞洲文化，他還是第一個問我要不要撐陽傘的法國人，三則是兒子賈克和我年齡相仿，不像露西那樣古靈精怪。

「你今天不用上學啊？」一早睡醒下樓，馬爸坐在餐桌讀報，看我不像平常趕公車般匆忙，反而慢條斯理地準備早餐，他疑惑地問。過了一個月的生活，我熟練地準備自己的早餐，一邊將麵包壓入機器裡加熱，一邊盛了一碗美式咖啡說：「對呀！學校在考試！」這個禮拜是學校期中考，學校考越多試我越開心，因為老師批准我不需要接受學校的評量考試，所以考試對我來說就代表放假。不過家中的賈克就和我的情況相反，得積極跑圖書館讀書，而馬媽常常因會計工作早出晚歸，家裡就剩下沒出差的馬爸與我，為期三天的期中考假期，就待在家和馬爸天南地北地閒聊，結果聊出個驚天祕密。

對話從馬爸的工作開始，原來他通常都在家工作，但每兩個月就會飛到泰國：「我要定期去工廠巡視，研究不同包包的花樣款式。」

「難怪你穿著比較時髦！這生意做多久啦？」

「哈哈，打扮是興趣啦，這樣往返也十幾年了。」

「那這麼多年來，你都沒有在泰國買房子喔？」

「沒這麼簡單，泰國置產很麻煩，要當地人才可以買房子。」

「真的嗎？肯定還是有辦法的吧？我看很多人都有在投資呀？」

「我也有想過。」他忽然停下話語，我也不好意思延續話題，畢竟法國人相當重視隱私，只要話題涉及到工作、私生活，除非他們自己開口，否則不探究是最好的方式。

「哎呀，你知道我跟馬媽不是夫妻嗎？」

「什麼?!」我一驚，沒想到馬爸一開口就如此掏心掏肺。

他啜了口咖啡，憂鬱地看向窗外天空：「我之前在泰國認識一個女生，然後就……墜入愛河，後來用她的名字投資房產，一切都很順利地進行，結果付完錢，她就無預警地消失了。」

「天啊，你難道沒有找警察嗎？」

「警察也沒辦法，她當初給我的契約書沒效力，錢也是我自願掏出的，所以無法證明有詐騙嫌疑。」

「哇！那馬媽沒有生氣嗎？」

「噢，當然有，回法國後馬媽馬上遞給我離婚協議書。」

「噢……」突然吐露一個如此勁爆的故事，我也不知該作何反應或安慰。

馬爸自嘲地笑道：「還好啦，我自己沒有算好投資報酬率，你知道我們法國男人比較感情用事，總統也有有兩個女友啊！只是我這個真的太慘了……」

「那你現在已經跟馬媽和好了嗎？」

「現在喔，就同居啊！馬媽不願意再嫁給我了，這棟房子也是她的，所以我當初……苦苦求她才讓我住回來，不過要是我也不嫁啦！」馬爸搔搔腦袋，起身幫自己倒杯咖啡，我猶自消化他精彩故事，開始把生活中遇到的疑點連成線，難怪賈克會時不時損一下自己爸爸，像是「你又去泰國啦？」、「別玩太瘋不然不用回家唷！」也曾和馬媽聊天時聽到她說：「我也不喜歡上學，反而比較喜歡工作，工作是我的自信來源，我跟你說呀，女人要活出自己的風采，畢竟感情本來就難預料，沒必要為一個男人毀掉自己，人生還有太多美好的事。」當時還覺得她講話沒頭沒尾，因為我只是在抱怨上學很累，沒想到背後還有這麼一番故事。

我想這就是法國女人吧！不會因為愛情捨棄原來的自己，對馬媽來說，愛情本來就不是1＋1＝2的刻板公式，結婚更不是愛情的美好結局，愛情不過是生活的潤滑，讓自己活得美麗才是生活真諦。

第三個寄宿家庭，

馬爸（Marc）、馬媽（Martine）、兒子賈克（Jaque）。

11-2

上天下海的危機

三個家庭之外，我的法國交換生涯還有一位重要的吃喝玩樂提供者，那便是馬爸的好兄弟里叔，也是我無緣的寄宿家庭。

對於他「不接待」的舉動，扶輪社的大家頗有微詞。我想應是愧疚使然，為做彌補他常常帶我出門玩耍，「把我當爸爸吧！」他親切地這麼說。雖然連馬媽也曾抱怨：「不過就是做做表面功夫，不接待而改帶咪雅出去玩做彌補很輕鬆呀！」不過免費的出遊我對我來說是有利無弊，倒沒那麼多不滿。

我好奇里叔的工作，感覺總在遊山玩水，可他沒主動提過，基於禮節我不好意思多問。不過有次回家路上，禮貌性地道謝他排開工作帶我出來玩，他笑說：「沒什麼大不了，反正我退休也不用工作啦！以前做旅行社，被企業收購後，他們續租原有位置，所以我現在是快樂包租公。」

第一次開飛機也是託他的福，身為飛機俱樂部的一員，他有固定的飛行時數可以消耗。「這是二人、四人、六人座，這是滑翔機……」停滿小飛機的機棚，各式型號讓人目不暇給，他一一介紹後，拿鐵桿勾住其中一架飛機：「我們飛這架，幫我推一下吧！」齊力把二人座小飛機拖出停機棚，他依照程序檢查後，告知塔台準備起飛，機師溝通的術語是每個字母都有相應英語詞彙，聽著耳機內他們的對話，我還在對照表上的詞語，他已連珠砲地溝通完畢。

第一次坐在飛機駕駛艙，在離心力之下前方跑道慢慢遠離視線，小飛機沒有客機般平穩，有點像在坐雲霄飛車，只是車廂可以在天空中控制方向。里叔熟練地操控：「我已經通過駕駛考試很久啦！你要不要開開看？」「好啊！」他讓我的副駕駕駛搖桿得到操控權，握著搖桿像在打電動，實際卻是在高空中操縱自己性命，夢境般地不真實，右窗看出去還有朵愛心狀的雲，「喂！小姐！看前面啦！」里叔嚇得趕緊把掌控權拿回手中，我才發現自己盯著雲，不自覺頭已扭到後方：「抱歉！」結果只有駕駛不到十秒時間，他說：「為了我們生命安全你還是看雲吧！開過就好！」

里叔說：「只要申請就可以飛到南法、英國也滿近。」途中臨停加油站，飛機加油跟汽車很像，只不過一個大廣場中只有一座油槍座。航程是繞一圈布列塔尼區域，三小時內讓我對法國有錢人的樂趣選項又多上一層了解，原來開遊艇出海晃晃、開飛機上天空繞繞是這麼平常休閒的事情。

三月的第三個星期，如往常般上學途中，里叔的郵件再度拜訪我的信箱：「親愛的咪雅，週末有空的話，要不要出海呢？」「當然！」「那星期六早上見，我會去接你。」

星期六一早，房子外頭傳來法國少見的機車換檔引擎聲。「嘿！早安！」里叔身著全套黑色皮衣褲，脫下全罩式安全帽，甩動髮絲，神采奕奕現身玄關：「準備好了嗎？」「好了，我們要騎重機？」我目瞪口呆看著他浮誇的出場，馬爸羨慕地說：「是呀！你可真幸運！只可惜我今天有事不能一起。」「沒人要你跟，你太胖了，機車可坐不下。」里叔對我眨眨眼，草坪上那台漆黑的紅牌重機，像隻等待出擊的猛獸。「咪雅你怎麼了!?」從後照鏡瞥見我的裝備後，里叔大吃一驚，「沒事啊？這是防曬啦！」我隔著綠色醫療口罩回答，一聽到要坐重機，我衝上樓拿了口罩、眼鏡、長袖連帽外套及防曬乳，但台灣稀鬆平常的配備在法國卻是重病患者才會使用。「哇……真可怕，你長得好像殭屍，這樣是褻瀆陽光哩！」里叔嘟囔著，倒也尊重我的自由。但保得了臉皮卻保不了屁股，前半小時還能欣賞風景，後來的時光就像酷刑，卻只能維持同樣俯身抓緊騎士的姿勢，到目的地時像是交換年紀，里叔生龍活虎地蹦蹦跳，我敲著僵硬的腰骨及雙腿直喊著：「唉喲喂～～」到達位於雷恩北邊著名的度假小鎮迪儂（Dinard），里叔的航行夥伴已經在港口等候，這次是要試乘其中一位朋友——光頭大叔的新船。

比起第一個寄宿家庭易爸的船，光頭大叔的船更大，船艙內還設有床鋪與廁所。里叔熟練地駕駛遊艇，如專業導遊般介紹景點：「這邊是富豪最愛置產的度假勝地，這區有四百多棟別墅，你看這是開雲集團總裁的家、那個是影星的家。」繞著迪儂沿岸航行，一棟棟城堡般的別墅，有的擁有如城堡般的尖頂，有的走美式莊園的二層平房。後續航程掌舵權交還給船主光頭大叔，無邊際的大西洋，海浪拍打聲與海鷗經過的歌唱，洗滌繁雜塵世陰鬱，「快看右邊！海豚！」里叔大叫，我一轉頭，一尾海豚剛好躍上海面，可愛地甩尾打招呼，我興奮地大叫：「我看到一尾……」語音未落，緊接著又看到一尾海豚跳躍，然後兩尾、三尾、接著一群約五十隻的群體，快樂地在海面上跳起舞，光頭大叔驚嘆：「我出海這麼多次，第一次看見這種情景。」里叔點頭：「咪雅帶來幸運！一群海豚在這個海域可不是想看就有的。」大夥也被此景驚艷，紛紛拿出手機記錄這一刻——海豚舞群洗禮。可沒多久後「砰！！！」一聲巨響，愉快出航的心情戛然而止，樂極生悲的光頭大叔一臉驚恐，眾人驚慌地找尋撞擊點，「在這，在這！」里叔搬開雜物後大喊，順著他手指的方位看過去，船底出現拳頭大小的破洞，海水正邪惡地滲透進船艙，光頭大叔大罵一聲，隨即拿起船上的對講機通報海巡署之類的人員：「他們說會派人來。」對方並叮嚀盡快讓船開到港口。

記得易爸說過，布列塔尼的海域充滿暗礁，開船得隨時注意雷達，否則後果不堪設想，沒想到今天被我親身經歷。所有人都站在船板上反而礙事，里叔揮揮手叫我坐到角落，看著其實洞不大，水滲透的速度也比我想像中還慢，里叔和光頭大叔卻面色凝重，拿器具快速舀水，我疑惑：「進水進得很慢啊，我們就加速開到岸邊不就好？要一直舀水嗎？」「小姐，水會越進越嚴重，而且現在不確定這是不是唯一的破損。」里叔手邊動作不間斷：「不把水清掉，我們就要上演鐵達尼號。」

吊車早已在岸邊待命，等船一靠岸便吊起船隻，眾人上岸看著安置吊掛器具，不到十分鐘的時間水已經淹進船艙三分之一，才知道剛剛是歷經

撞到的那一瞬間，我以為是海豚跳上船了。

一場危險劫難。

光頭大叔垂頭喪氣地叫喊：「當初要買船我老婆就不肯，現在她肯定會殺了我！」里叔安慰他：「錢再賺就有了，安全最重要。」要是有預知能力，以為只會損失幾千元歐元的他此刻大概會淚灑現場，因為事後修船廠估價，這撞一下的代價是三萬歐元。光頭大叔的背影在一群人走回停車場的路上看起來特別落寞，里叔和我走在隊伍最後，他悄聲說：「真慘！還好不是我的船，真是太笨了，我看他可能會被離婚。」吐舌後繼續說：「不過誰沒離過婚呢？我就結了兩次，也沒什麼，人生嘛！」每回跟著他出遊總是驚奇無限，人生能有這麼多冒險，也是樂趣無窮。

大叔有天獻寶似地拉短褲
叔：「我刺了一隻龍，東方威猛的神獸！」
我：「……很好看」
（心裡 O.S.：根本是花木蘭中的木須龍）
但他引以為豪地四處炫耀，我也不好意思說真心話。

里叔超愛特務 007，法國大叔迷好萊塢電影已經很少見，像他這麼狂熱更是稀有。電影上映前一個月就會預定要去觀賞。「咪雅，我帶你去看電影，早上十點的好嗎？」里叔盛情邀約下，一早轟隆隆的機車聲又出現在家門前。第一次在法國看電影，沒想到全都是法文配音，還沒有字幕。

看著美國的特務 007 操著一口流利的法文，早場的動作片，一旁大叔看得津津有味，我卻昏昏欲睡，因為沒一個字聽得懂……

11-3

我吃了一隻貓！

春天的午後，一家人會坐在戶外的座椅休息，吸收森林氛多精、閒聊生活，「等賈克去上大學，我要把這個房子賣掉，搬去小一點的公寓住。」馬媽說，馬爸附和：「的確，這個太大了，老了不知道怎麼掃，賣掉把錢用來環遊世界吧。」

馬爸夫婦有個不成文的規定：孩子們成年後就要離家獨立。賈克上頭兩個哥哥依循慣例，十八歲上大學後就不再回家住，在外自立自強。夫婦倆當然還是會給予幫助，但是不會再讓小孩回家依靠。大哥成為巴黎的會計師、二哥則是酒保。他們的觀念和第一個家庭截然不同，易爸和易媽曾說過他們盤算好讓一個小孩分一棟房子，而馬媽則說：「幹嘛對他們這麼好？每個人都是獨立的個體，我的義務是幫助孩子獨立。其餘我自己賺來的錢當然自己享用，真的用不完再給他們。」兩個家庭的做法各有利弊，馬爸與馬媽讓孩子提早獨立，易爸家庭讓孩子擁有無憂穩定的未來，卻也讓他們不願離開舒適圈。

無論如何，馬爸與馬媽的教育對我來說就像當頭棒喝，因為我已經到達一樣的年紀，卻無法想像就這麼離開家的情況，我還在埋怨著媽媽專制時，已經有同年齡的小孩脫離父母展翅高飛去面對現實的世界，這是我難以想像的。我從沒有認真思考過，若現在媽媽放我自由了，我想要做什麼？可以做好什麼？是否能安排規劃好自己的生活？是否能獨自面對挫折？在媽媽的保護之下，無論我怎麼衝撞，總有一雙手牢牢支撐著，和我一起分擔所有不如意，幫我一起想辦法解決困難，但若一切都要靠自己，我真的有這個能力和勇氣嗎？還不成熟又急於證明自我、無法冷靜判斷卻總是抱怨周遭的自己，實在太過天真驕縱。

鼓勵孩子提早獨立，而對於寵物，馬爸夫婦也採用斯巴達式的教育。家中的貓名叫小灰，「晚上到了，出去！」馬爸會在睡前把小灰趕出屋外，一開始我還天真地問：「因為他要上廁所嗎？」才知道他們會把貓趕去森林睡覺，早上才會放牠進屋吃早餐，就算颳風下雨也照樣操作，「貓本來就是在大自然生存的動物，牠在房子裡也無聊。」馬媽說。強壯的小灰性情和法國人一樣，外冷內熱，不太搭理人，也不喜歡抱抱，直到我住進房子一個月後，牠才賞臉到我身旁蹭了蹭，但我伸手牠又一溜煙地跑掉，一直沒有機會和牠好好培養感情。

四月初，下樓看到弟弟賈克趴在客廳地板，四處探看沙發底部縫隙，我奇怪地問道：「你在找什麼？」賈克愁眉苦臉地回：「咪雅，你有看到小灰嗎？」「沒有啊？」「已經三天沒看到牠……晚點再找找吧！」賈克咕噥。「回來再幫你找。」趕著出門上學的我隨口應道，沒想到回家時賈克要我陪他去森林搜尋，「你看，如果關在家就不會這樣！」我碎念著，賈克可憐兮兮地說：「可是這樣牠會不開心……幫我啦拜託！」看著弟弟眨著水汪汪的大眼睛只好妥協，但翻過一整片森林，無論怎麼找還是不見小灰蹤影。過了一個月，「小灰還是沒回家……」賈克已經從起初的擔憂，漸漸接受這個事實，不過馬爸為了安慰他而開的玩笑，卻弄巧成拙為我冠上污名。

「賈克，我對不起你。」馬爸瞟了我一眼：「我想小灰被咪雅吃掉了」

「喂!?」我詫異地轉頭看他，剛出差回國就亂講話的他吊兒郎當笑著。

沒想到賈克認真地盯著我：「真的嗎？你吃了牠嗎？」

「沒有，不是亞洲人就會吃貓好嗎？」我翻了個大白眼。

原以為這件事就這樣翻篇了，沒想到賈克認定答案般，時不時總要拿出來審問一番。某天晚飯後全家一起看足球賽，看球員踢了半場都未進半分，眼睛半闔時，聽到賈克像是忍了很久不吐不快：「咪雅！你是不是把小灰吃掉了？」

「什麼？」我睡意全消。

「不然牠怎麼會不見？是不是變成生日大餐？」

「我哪知道？而且如果生日餐，你應該問你爸！」我指向馬爸。

馬爸噗哧一笑、火上加油：「咪雅……Ohlala……真的嗎？」

「你覺得呢？」我作勢撫肚：「你覺得我為什麼越來越胖？」

馬媽遏止我們的戰局：「停止啦，小灰之前也失蹤過兩個星期，再等等吧！」賈克不放棄地追擊：「那如果還是沒出現，就是咪雅吃了小灰！」

「對啦，亞洲人會吃掉全世界，我就是把貓給燉了！跟前陣子燉雞湯一樣。」

「咪雅——」賈克尖叫，這輪我勝利。

「我吃了你的貓！」我嚇唬寄宿家庭的弟弟，但他好像信以為真？

11-4

法國奶奶們

平靜無波的法國生活被突來消息打破，「易媽的母親去世了！」馬媽告知這心碎的訊息。

半年前還在第一家庭時，陪著寄宿家庭媽媽易媽去奶奶家用餐，情景還歷歷在目，八十好幾的奶奶搽著紅色口紅，戴著白色手套，站在屋前修剪整齊的小花園迎接：「Bonjour!」歲月在她臉上溫柔地留下凹痕，不失一分優雅。那時小小不解易媽的作為，讓老奶奶如此大歲數還自己獨居，後來才知道是奶奶自己堅持，因為法國人並沒有年老要和兒女同住的觀念，與亞洲一大家子同居的傳統不同，奶奶覺得住在一起反而被束縛，自己獨居有居家照護，兒女常來探望就好。

奶奶用餐相當講究，是非常傳統的法國女士，刀叉是絲絨盒中拿出的銀製餐具，使用的餐巾與桌巾成套，玻璃酒杯上有美麗的花紋裝飾，席間不忘開上一瓶紅酒佐餐，「您能喝嗎？」我訝異地詢問，奶奶對我眨眨眼：「當然，不然人生哪有樂趣呢？」佩服地看她小口珍惜地啜飲，易媽一旁笑著：「唉！我媽就這般不聽勸！」母女倆的優雅像同個模子復刻。

奶奶相當風趣，整頓飯沒停過話匣子，還拿出當前最火紅的猛男消防員日曆分享，她撫摸圖上男模裸露結實的胸膛：「很帥吧！別害臊，女人總是喜歡美麗的事物。」雖然講起來像個肉慾奶奶，但擁抱年紀、從容地享受老去的態度，應是這般吧！離開前奶奶親切地說：「下次見呀！很開心認識你。」

恍若隔世，再見居然是這番光景，一束束鮮花安靜地橫在石碑上。墓前花草整理得井井有序，長眠的小花園顯得肅穆莊嚴。

奶奶沉眠之地離馬媽家不遠，課後趕來和易爸夫婦會合。「謝謝你來」易媽一身端莊黑裙，薄施脂粉也掩不住她疲憊的臉蛋，易爸溫柔地擁著她的肩膀給予支撐，接過我遞上的花束，似乎泛紅的眼角又湧出淚光。死亡對十八歲剛成年的我來說，懵懂且遙遠，像是電影才會出現的情節。

在我忙著頂嘴、學習、探索之際，它卻猝不及防地到來，輕而易舉地掀翻我的舒適圈。

奶奶微笑時眼角會笑出個彎，和藹面容還鮮明地印在我的腦海，轉眼已物是人非、天人永隔。「萬物皆有一死」曾是空泛的概念，但失去後才懂得珍惜，卻讓人心驚膽顫。以同理心看待易媽的難過，同樣身為女兒的我回顧一切，所有反抗和不滿顯得如此不成熟，原來這些長久以來無限包容的愛有消失的一天。

第一次覺得時間急迫，回家後馬上想和媽媽通訊，「喂？」媽媽的聲音在話筒那端，連一個音節聽起來都慈愛無比，「媽～～」「幹嘛啦，我在忙，晚點再說。」還未等我一吐相思，電話匆匆掛斷，剛剛所有感觸瞬間蒸發。家家有本難念的經，我家的或許就是：虎媽實在太堅強無血淚，忙著賺錢沒空聽我無病呻吟。悲傷的情緒瞬間整理完畢，不管怎麼樣，日子總是得過下去，人生還是要活得美麗。媽，我會繼續努力在法國完成這曲美麗人生！

光照隨著春日到來越來越長，四月天，陽光從斜面天窗透進，溫柔地將我從睡夢中喚醒。一睜眼，窗外森林綠意復甦，甚至還有鳥兒調皮地飛來窗簷上吱吱喳喳。

春分月圓後第一個星期天，原是西方古代異教的「春節」，後成為天主與基督教的「復活節」，路上烘焙坊和甜點鋪紛紛擺上巧克力製成的彩蛋與兔子，這是小孩繼聖誕後最愛的節日，也是各個商家再度發揮巧思的比賽，有的商家端出比成人還要高的巧克力蛋，有的則擺出巧克力流動瀑布，百花齊放吸引路上行人駐足。

馬爸一直以來都會帶孩子回母親家過節，我聽到要開兩個小時的車回「鄉下」，腦中浮現的是陶淵明的歸園田居，方宅十餘畝、草屋八九間的樸實風景。東道主馬爸的母親前來迎接，是我看過最風騷的阿嬤級辣妹，應是古來稀的年紀卻絲毫不顯老態，一頭金長髮的她身材保養得宜，還腳踩楔形鞋，屁股一扭一扭地帶我觀光庭院：「這是網球場，旁邊那是籃球場，其他是我的果園，沒什麼特別，後面有個游泳池，也只有孩子來時才會使用。」而她口中的沒什麼，打破我對於田園生活的印象，田地上有改建的設施，也有果園及菜園，當然沒有草屋，而是石砌的莊園建築，「老了就簡單過生活，不過我也不常住這邊。」辣妹阿嬤的結語。

「左邊那位是我同母異父的弟弟一家。我爸媽只有我一個小孩，但他們離婚後各自又再婚，有了新的家庭跟小孩，上個月我同父異母的弟弟還透過網路找到我呢。反正，我媽後來再結婚的老公過世了，所以現在站在我媽右邊的那個男生是她的小男朋友，年紀跟我一樣大哩……」馬爸拉著我站在大廳的角落，向我介紹他們一大家子的親戚，我還在努力理清這複雜的關係，馬爸補了句：「向我媽多多看齊，有錢真好。」辣妹阿嬤正摟著男友一吻，法國人對於感情關係很大方，很少有害臊、覺得丟臉而拒絕表現的時候。

一眾孩子們聚集到阿嬤家的最大目的是每年復活節必定進行的找彩蛋活動。阿嬤會預先彩繪一些熟雞蛋與包裝精美的巧克力蛋，然後藏在廣大的花園中讓小孩尋取，蛋又有重生與多產的寓意，除了玩樂也是為孩子帶來好運的習俗。跟著小孩們一起在花園裡、菜園裡找彩蛋，歡聲笑語中，在重生節裡感受到無限生機。

遠方鈴聲響起，因為家占地廣，「吃飯囉！」辣妹阿嬤自備鈴鐺搖鈴聚集家人。歷經里叔帶我上山下海、又見到辣妹阿嬤的富饒生活，刷新我對生活的定義，也改變我心中對「錢」的觀感。以前總覺得媽媽愛錢，一天到晚忙工作，逼迫我學才藝還說我欠她學費，說母女間是借貸關係，雖然「借貸」一說是她對我的激將法，我也曾暗自發誓長大不要成為她這種老是把錢掛在嘴邊的人，但倘若早點讓我見識到這般愜意的退休生活，通過不同家庭理解父母想要給孩子一切最優渥的心願，我想我對媽媽的壓力和行為大概會有另一層理解與體諒。

Pâques 復活節，孩子們一起尋找彩蛋，裝回滿籃的幸運。

11-5

浪漫的法式婚禮

路老師的小提琴課依舊持續著，小提琴課是我在法國最沒有語言障礙的一堂課，音樂的確是我的第二語言，老師除了能用示範的方式，也能用音樂術語讓我理解。術語通常是義大利文，有的是法文，但雖然讀過、死背過，卻從來沒有真正用來溝通，一開始還花了點時間適應聽真人從口中唸出來。「Détaché（斷音），這邊。」老師指著我的練習曲，再次示範，就怕我沒有正確理解。「到底怎麼有辦法看得懂中文？」她看著我快速寫下筆記，充滿疑惑：「看起來就像在畫畫。」「老師……對我來說你們法文才難，都連在一起。」我反駁，她笑著說：「真的嗎？哪有這樣？」笑語歡聲間，課堂的時光快速流逝，之前的我從來不曾希望課程時間過得慢一點，每次上小提琴總是充滿壓力，恨不得逃走或躲起來，而路老師喜歡用問句來激發學生想法：「你為什麼要這麼拉？」這種做法也漸漸累積我的底蘊，開始去思索自己究竟要「表達」什麼，就算演奏的表現和老師不同，她也不會馬上否定：「你可以試試看我的拉法，但也可以就用你現在的，我也不一定是對的，每個人本來身材就不一樣，手指當然也不一樣，所以適合我的不一定就是你正確的方法。」一位六十歲的小提琴老師對於音樂始終充滿熱忱，也不是以專制、填鴨式的教育去對待學生，還沒回台灣，我已經知道我會想念她。「對了咪雅，有個婚禮的演出，要不要去拉一下琴？」老師提問，我毫不猶豫地答應了。雖然只是場婚禮配樂，卻也是個演出機會，而且參加法國人婚禮的機會可不是天天都有。

法國婚禮可以選擇只在市府公證，如果有信仰的話才會另外舉辦教堂婚禮，我參加的這對新人選擇兩項在同天辦理，早上公證完後直接到教堂舉行婚禮儀式。

兩把小提琴、一把中提琴、一把大提琴組成絃樂四重奏，我們準備韓德爾的水上煙火與華格納的結婚進行曲，陪伴新人走過神聖的紅地毯。

「準備，準備！」帶頭的小提琴老師夾起琴把弓停在弦上，大門一開便開始演奏，樂聲經過教堂挑高空間迴響，祝福帶著聖潔的氛圍降落，新郎挽著母親先走到牧師面前，再來是伴郎伴娘，最後是一身潔白蕾絲婚紗的新娘，挽著父親的手緩緩步入禮堂，只見父親將一臉幸福笑容的新娘交給新郎後卻不時拿白手帕拭淚。

新人立定後樂聲暫止，牧師主持儀式，新人朗誦肅穆證詞，全為最後那句至高無上的誓言，「我願意！」新娘允諾，新人從牧師遞出的銀盤拾起戒指，交換後深情一吻，儀式完成。樂聲護送新人再次走上紅毯，在眾人歡呼聲中坐上禮車轉移陣地到古堡，晚上接續舉辦結婚宴。古堡草坪上，晚宴前的雞尾酒會氣氛熱絡，大家隨意談天、進行團康遊戲像跳繩子、法式滾球。「好玩嗎？」老師拿著香檳走過來和我敲杯，我說：「很有趣！這個婚禮會持續多久呀？」「你說晚宴嗎？可能到晚上一、兩點，隔天還有一個午宴。」「所以法國人結婚要花上整整一天半？」「這麼說也是，就是馬拉松式的宴會囉！」老師笑著說。聽老師這麼說，只參加一小部分的流程我已感到疲憊，不得不對法國人的耐力相當折服。

因為隔天要上學的緣故，我婉拒晚宴邀請，這邊的婚宴沒有台式傳統婚宴席開數十、數百桌召告天下的盛大，只邀請幾位心目中最重要的親朋好友陪伴參與人生重要里程，雖然不是世紀婚禮，但新人永結同心的情感，十足渲染每位賓客的心情。

沒有桌菜、也沒有婚宴會館的繁瑣儀式，法國的婚禮像是聚集親朋好友一起同樂慶祝的派對。

11-6

十八歲掰掰

馬爸家的廚藝風格秉持步驟越少越好的原則，尤其馬媽是全職的職業婦女，比起易媽和多媽擁有彈性的工時，她常常晚上六點才下班，又貫徹法國人自己做飯的傳統，練就一身快速出餐的功夫。也因為時間緊迫，馬媽是三個寄宿家庭媽媽中，最常買現成食品回家的，像是鹹派、調味好的小塊山羊起司、酥皮肉派、烤蝸牛……等等，雖然是買現成食品，她還是緊守著不買冷凍食品的底線：「微波食品是不得已、沒食物的時候才吃的。」我想起在台灣便利商店滿街都是，微波已經是生活中不可缺少的烹調方式，而我常吃的水餃也是冷凍食品，方便的同時，似乎犧牲掉健康及享受。「Voila（看），上菜了！」馬媽手腳麻利地端出沙拉、小羔羊排，法國人的一餐再簡單都不會漏掉甜點，用完主餐的同時，烤箱「噹」的一聲，現成的酥皮鋪上烤盤，排好蘋果，淋上蛋液進爐烤，不到一刻鐘的時間，香噴噴的蘋果派出爐，放上一球冰淇淋，就是最經典的法式甜點。經過上個家庭黑糊糊的食物歷險，現在對於馬媽的手藝充滿感恩的心。「天啊，我也嚐過那手藝，就像在吃土……你怎麼活過來的？」賈克歪嘴害怕的樣子，馬爸夫婦倆也沒有阻止，反而同聲附和：「oh - la - la——」法國人喜歡嘲諷的習性，就算對象是朋友也不減，尤其是食物更是不容出差錯，所以看到他們這番對話我倒也不意外，不過那段日子，我常常得在回家前去超市大快朵頤一番，不吃一袋八個巧克力可頌不罷休。

馬爸是三個家庭的爸爸中唯一會煮飯的，我生日的時候，他自告奮勇要為我大展手藝。「又軟又香！」我拍拍撐飽的肚子。「祝你十九歲生日快樂！」馬爸除了端出紅酒燉豬頰，還做了名為蘭姆巴巴的傳統法式甜點，剛出爐的圓柱體蛋糕，刷上一層糖漿與蘭姆酒液，還插上一根小蠟燭，全家唱起生日快樂歌，「希望大家一切順利，然後我順利地結束法國交換生活。」許下願望，在掌聲中吹熄小蠟燭。第一次在外過生日，沒有媽媽的參與卻同樣備受關愛，雖然不是奢華的米其林大餐，馬爸一家的準備卻是金錢也買不到的祝福。再見了我的十八歲，這如雲霄飛車般瘋狂的一年，逃離虎媽，飛越高山峻嶺遠赴法國，跳脫熟悉的日常，在雞飛狗跳的異文化生活中看見自己的不足，跌跌撞撞，卻又充滿養分⋯⋯。

濕潤的蛋糕入口即融，蔗糖香氣餘留在舌面縈繞，回憶作客法國的一年，幸福感久久不散。

Joyeux Anniversaire 生日快樂！

Story 12

是結束，
也是開端！

12-1

法國學生革命

在法國交換生活進入尾聲之際，接獲虎媽六月底要來的消息，但與媽媽相見前，還有一個月的上學日，放完春假的同學各個春風滿面、精力充沛，我也把握最後在學校的時光。

今天有歷史課，歷史老師是個年過半百的女人，中等身材，擁有一只巫婆鼻，把捲捲頭染成橘色，上課會用一支看起來像魔杖的伸縮細鐵棒指著投影螢幕，上次上課就聽到小馬和小強在窸窸窣窣地討論什麼，這次上課騷動的區域還擴大，老師進門的那一刻已有同學笑得東倒西歪。

「安靜！」橘髮巫婆尖聲喝斥，拿著魔杖敲桌面，看到耍寶二人組忍笑忍得滿臉通紅，還不停咳嗽，我好奇地戳戳旁邊的小茉：「他們在笑甚麼？」小茉也在憋笑：「聽說老師一星期都穿同樣的衣服，頭髮也都沒洗，整頭都是頭皮屑，坐在前排的味道很燻。」小茉長得矮小，有著深邃的五官和一頭黑髮，在班上算是比較安靜會被忽略的人，所以連她都在笑就代表這件事有可信度，「哇，血統純正的法國人！」我笑著揶揄，結果下一個被橘巫婆喝斥的就是我：「那個交換生！安靜！」小茉還用氣音回應剛剛的問題：「我每天都洗好嗎！」

橘髮巫婆雙目怒睜地顫抖：「上帝會懲罰你們這群邪惡的小混球！」

「哇～～她要爆炸了！」耍寶雙人組的小馬撐著臉抬著下巴指向講台。

然而今天課堂上最激烈的衝突，是因為老師講錯年分引燃同學們長久以來不滿而掀起的學生革命。「你總是講錯還不自知，請你好好備課，別浪費大家時間！」小愛開第一槍後，抗議聲浪隨之而來：「老師不準備，把時間拿去染頭髮！」、「不備課也不洗澡！」、「只會叫我們小考，然後自己在前面偷睡覺！」你一言我一語之下，被激怒到極限的橘髮女巫憤怒地大叫：「我要去跟教務主任講！」隨後拂袖而去。同學們不甘示弱地反擊：「去啊，你敢去我們也敢！」一群學生跟著離開教室，剩下零星學生中包括我，愣著在教室等待勝利那方歸來。

我在台灣從沒遇過學生在課堂上鬥爭老師，碰上教學差勁的老師學生頂多投書教務處，沒看過這麼火爆的場面，可是在這個積極爭取自我權益的國度，一切顯得再合理不過。就連老師也積極守護自身權益。「今天停課嗎？」之前到學校，發現老師一直沒來上課，「今天老師去罷工，等下回來，所以我們先自習。」同學們習以為常地解答，可見不是偶發之事。但對於來自老師沒有罷工權的台灣的我來說，簡直不可思議。

法國自古以來即是歐洲強權，是自我意識強盛的族群，有權有錢有勢之下，很早便有閒去動腦，因此許多新銳、引領潮流的思想家都是法國人，像是蒙田、盧梭、伏爾泰、沙特……等，笛卡兒的名言「我思故我在」更被哲學奉為圭臬。思考的下一步是表達，有動機及目的地積極闡述自我思想與感受，然後懂得欣賞自己、不盲從跟隨，就是法國人的價值觀。

老師都會罷工上街抗議，學生權益受損沒有理由忍氣吞聲，法國人對於生活品質的抗爭不單是嘴上功夫，更是會身體力行的全民運動，只要覺得自身權益受損，他們就會上街罷工遊行。地鐵罷工、公車罷工、高鐵罷工、飛機罷工，在法國都是司空見慣。

還沒有人歸來公布結局，下課鐘聲已響起。今天這場抗爭學校的最終定奪我不曉得，但是我再也沒看過橘髮老師。

我在法國遇過唯一不洗澡的法國人，
是長得像巫婆、學校的歷史老師。

12-2

天下無不散的宴席

語言課堂上的交換學生們隨著日子推移日漸稀少，直到班上剩下我、墨西哥女孩黛安娜和德國女孩安娜，厲女士宣布：「今天是最後一堂法文加強課。」這幾個月在她的調教下，我的法文程度以肉眼可見的速度進步。陰陽名詞、動詞變位已駕輕就熟，糊成一片的發音憑藉學音樂的耳朵，加上在第二個家庭喋喋不休的訓練，我的法文會話已經達到日常溝通完全沒問題的狀態。

厲女士拿出數個裝食物的容器：「最後一堂課，我準備一些鬆餅，和從我家鄉蒙特婁寄來的楓糖漿，我們聊聊天吧！」經過這段時間，我已習慣法國學生近乎和老師平起平坐的姿態，厲女士的課是最嚴格、最安靜的，也是因為她的學識淵博加上主攻英語課程，多話的法國同學因此沒大肆反駁、高談闊論。其他如法文、數學、歷史課就沒這麼幸運，有時台上老師講一句，台下學生已經說十句，妙的是只要音量還在接受範圍，通常老師不會翻臉制止，而這跟我在台灣上學的經歷背道而馳，從小學就有風紀股長維持秩序，最高品質靜悄悄是我們恪守的原則。

但是仔細聽同學嘰嘰喳喳竟也在討論上課題材，或許是注重學生思考、課後自己查資料帶來的效應，上課就想要分享討論查找的訊息，同學們不畏懼提問，甚至反駁老師，以揪出老師的錯誤為樂。

在法國，我從沒遇過老師台上問問題，台下一片靜默的情況，無論認真與否，同學們總能變花樣講出一堆問題，還會幫老師補充教材：「老師，你剛剛說的拜占庭帝國戰爭，我查到一則故事想分享……」在台灣，事先匯集所有資訊在課本中省事許多，學生不需要花大把時間查資料，但有利必有弊，或許因為標準答案都已印在書本上，所以在老師提問時，學生就會怕講錯、怕因犯錯感到羞愧，轉而沉默以對，這項習慣還被厲女士訓斥過：「沉默並非解答，你可以大聲說不知道，但在有思考能力之下，你都應該盡所有可能假設答案。」厲女士就是要大家說出自己的想法，而在這種挑戰權威的互動下，教師和學生之間也比較不會有束之高閣的距離感。

知道我的交換生涯即將結束，同學們與導師串通好，在最後一天課堂上到一半時教室的燈忽然暗下，由導師帶頭：「咪雅很開心和妳相處兩個學期，雖然妳一開始一句都聽不懂，現在進步很多，希望帶著滿滿的收穫離開。」播放中的投影片忽然先是切換到我的照片，接著出現同學們輪流錄製的小短片，每張說著：「再見！」的臉蛋都帶著不同的回憶。聖凡森讓我學到最多的不是課程知識，而是從一開始的外來者努力耕耘人際關係後成為班上一份子的過程。

在台灣時，大人們總強調「年輕人要有國際觀」，國際觀這三個字像必備的技能，但取得這項技能方法卻相當模糊，就算會講英文、和外國人接觸過、看過國際新聞，我始終不確定自己是否有國際觀。

直到隻身來到國外，朋友、同學們都是從不同國家、由不同文化養成而來，從接觸他們對生活的態度方式和在學習間碰撞的火花，培養自己思辨的能力。比起台灣高中同學共同目標是學力測驗、考上好的大學，法國同學更像在尋找自己真正喜歡的志業，從實習去選定未來方向，因此聊天的話題也相當多元，從生活中接觸的事物出發都可以促成一場思辨討論。聊出的所有不同觀點像一片片拼圖，慢慢拼湊我眼中世界多樣化的面貌，逐而建立起自己觀看國際的角度。朋友們四散在世界各地則像一個個點，與我的友誼連成線後，形成世界脈絡的面。與校園生活道別，帶著增進的法語能力、同窗快樂情誼，我準備迎接媽媽降臨這片法國淨土。

掰掰，長得像教堂、用聖人名字命名的聖凡森高中。

12-3

虎媽，女兒滾來了！

「天啊！你……你……你怎麼長這樣！」離別近一年見到女兒，媽媽吐出的第一句話滿是驚恐，眼珠幾乎從眼眶掉出，妹妹也一臉「你是誰」的表情。「哪有這麼誇張！」我生氣地說。雖然他們與我身上多出的二十公斤脂肪是初次見面，但也不至於認不出我如花的美貌吧！

這次會面花一個月的時間籌備，特別換上新買的小洋裝，千里迢迢從雷恩搭火車到巴黎戴高樂機場接機。沒想到蟻洞般的地鐵轉得我頭昏眼花，心急之下誤乘反方向的地鐵，結果讓媽媽與妹妹在出關口站上整整一小時，原本預設的溫馨變成驚嚇重逢。沒把媽媽與妹妹的嘖嘖稱奇放心上，帶著他們直衝高鐵回到馬爸家，稍作梳洗迎接晚上三個家庭共組的晚宴。

三個家庭分派各自帶來的菜餚，易媽是小點與開胃酒、多媽準備前菜和紅酒、馬媽負責主菜及甜點，雖然只是在家的聚會，所有人還是換上洋裝和襯衫前來。「喜歡嗎？」我壞心眼地問媽媽，晚飯才吃到第二個小時，她的笑容已僵化，「還要多久……」妹妹小聲地用中文詢問，她吃完主餐試圖離席的舉動剛被我遏止，我回道：「沒耐心，大概再兩小時就結束了。」台灣直送的兩人零時差體驗正統法國用餐儀式，媽媽準備玉珮當見面禮，果真寄宿家庭們各個笑得合不攏嘴，相當喜愛帶有異國文化的禮品：「你們航程順利嗎？飛行很久嗎？」、「坐這麼久辛苦了！」「不用謝謝我們啦！你們照顧咪雅，小小禮物是應該的！」寒暄過後沒多久漸漸沒有共通話題，加上大多數的人英語不流利，如我預見的法國人開啟自己話題後，便自顧自大聊特聊：易爸、多爸討論律師話題，其餘的人開始講孩子教育……被晾在一旁聽不懂、滿身疲憊的媽媽與妹妹，嘴角不受控漸漸地坍塌。

「法國人是不是很浪漫？」我說，媽媽無奈地回應我壞心的問題：「挺能聊的……」她倆就像鏡子，映出我剛來法國生澀的樣貌。

隔天在馬爸的帶領下，一遊布列塔尼區域，中餐不免俗品嚐此區遠近馳名的海鮮大餐。有當地人當導遊相當幸福，吃香喝辣都在行，然而我不禁開始擔心之後單獨領隊的行程。帶著家人體驗雷恩城裡風光時，我發現來法國生活近一年，在生活習慣上已經和家人有些微差異，比如說與寄宿家庭約在城中餐廳的吃飯時間，「姊姊，我真的好餓，為什麼八點才吃晚餐？」妹妹看著路邊地上一大袋麵包流口水，法國麵包坊在傍晚五、六點下班時，會把一天賣剩餘的麵包裝袋放在階梯上，讓福利院的人們回收再利用，我拉著妹妹往前走：「不可以，忍一下！」還有下午喝咖啡時，妹妹的小誤會：「姊姊，你錢沒拿！」「放著啦！那是小費。」「噢……」妹妹吶吶地把手伸回，在法國倘若帳單沒註明服務費，喝咖啡留下零頭、吃餐廳則多給10%當小費是正常之舉，對未曾來法國的妹妹來說全是新知。

從尼斯開始沿著蔚藍海岸鵝卵石灘，呼吸愜意氣息眺望地中海、見識摩納哥王國的紙醉金迷，街道上滿是名車與葛麗絲凱莉的故居皇宮、坎城一嘗明星滋味走上舉世聞名的紅毯、格拉斯參觀香水王國的製香工廠，最後在馬賽感受愜意的海港氛圍。

沿途介紹各個景點，看著媽媽和妹妹開心的模樣，好奇地問東問西，其中我覺得理所當然的事情在他們眼中卻是嘖嘖稱奇。無意間發現一年的法國生活，某些思想與習慣已內化到我的日常，所有一切都是自然而然，沒有刻意，就像在歐洲跑跳一年後，某些鄰居國家已不需要靠死背硬記，地圖自然浮現腦海。感嘆環境真的能在潛移默化中改變、影響一個人。這一年在法國的點點滴滴，都將成為我的生命底蘊。

一路獨當一面領頭被倚靠，這角色顛倒的感覺曾是我夢寐以求的，但卻發現媽媽鐵血的人設同時慢慢崩毀。

當不再擁有主控權而滿口號令後，所顯現的媽媽也不過是個大我兩輪的女孩，也會因語言不通而受挫、對法國的無知而感到不安，和剛來的我並無二異，相對地，我扮演起照顧者的角色，開始理解一些隨之而來的壓力與責任感，盯緊家人的安危、盡心安排一切就是希望家人快樂，而媽媽一直以來的作為，又何嘗不是如此，她曾說過：「我做的一切都是希望你可以快樂。」想起之前問媽媽為何一定要我學音樂，看她回答不出來且臉色漲紅的模樣而沾沾自喜，卻從未設想在法國遇見答案的這一刻會後悔自己的無知與幼稚。

南法最後一站是馬賽，海港旁的餐廳中，媽媽滿足地品嚐魚湯，許久不見的她還未曾講相見的心情，我好奇地問：「媽，你沒有覺得我長大了嗎？」「呃……體型是真的長很大，還變得很有自信，都塗大紅口紅，可是我擔心你回台灣不能拍之前簽約的廣告，這樣獎金要還回去……」「太膚淺了，別滿口錢錢錢，這一年沒有見面，看到我難道沒有其他感想？」「你媽我很忙！是要什麼感想？最棒的就是你學會法文，這樣我錢沒白花，以後也不用找旅行社出遊。」

原以為話題已結束，沒想到媽媽再度開口：「遊學是我的夢想，但是年輕時家裡沒有這種環境與機會供給我，我在你這個年紀已經開始顧店、想著做生意。所以在我能力範圍所及，希望可以讓你看過這個世界樣貌，好好認識自己以後再投入職場。」「嗯……」聽完心裡一陣難受，與其說媽媽把自己的夢想強制加諸於我，不如說媽媽是把追夢的機會拱手讓給我，曾經萬惡的大魔王在此刻卻褪去冰冷外殼，從沒有像今天這般和媽媽真摯的對談。可是長久以來與她相處都是高壓狀態，此刻我竟也吐不出任何感性的話語：「那你之前幹嘛不說？」「有什麼好說的，時間過去你自然會懂。結帳啦！」海風吹拂下的漁港暮色微涼，走回旅館的路上，嘴巴始終講不出簡單的愛你，但我偷偷地從後面抱了媽媽一下。

沒有人天生什麼都會的，媽媽在當媽媽之前，也是被捧在手心上疼愛的女兒，現在她為了我努力學習當一個母親，而我要努力學習理解和感恩。

巴黎之行除了女竊賊小插曲之外，還上演了地鐵驚魂記。這趟旅行前，我曾經設想過許多情形，卻從來不曾想到會角色對換，我成為被依賴的對象，或許這就是長大吧？開始有責任在肩膀上。雖有小遺憾，也算平安無阻地走完行程，將媽媽和妹妹送上回台飛機後，我在法國的日子也進入倒數計時。

虎媽總是叫我滾，現在我圓乎乎地、真的滾得動啦！

有一天，也會輪到我守護你嗎？虎媽。

12-4

搶不走的禮物

「我沒辦法給你億萬財產，但是我要送你一個很貴重、別人永遠搶不走的禮物。」媽媽曾經這麼說，她所說的禮物就是讓我喜愛音樂，一輩子有音樂相伴。但當時的我除了想要反駁她、打破她建築的堡壘，根本聽不進她真心的話語，更不曾覺得她是在對我好。「家家有本難念的經」上學時曾讀到這麼一段話，我在旁註釋：「我家的經根本是無字天書，念不得！」從巴黎機場坐ＴＧＶ高鐵回雷恩的路上，我翻閱照片回味著這趟旅程，還是第一次捨不得離開虎媽，懷念與她相處的時光。

在法國生活的這一年，除了語言的進步、學習人與人的相處之道，在音樂方面也接收到許多新的想法。所謂的藝術就是在不斷火花衝擊之中塑造而成，音樂也不例外，演奏者向觀眾直接傳遞情感，也是需要不斷的生活歷練的累積，再內化成情感。在法國令我印象深刻的一次火花激盪，是和第二個家庭一同去欣賞一場「解說音樂會」。「咪雅你星期六下午有安排了嗎？」多爸手上拿著四張票券：「沒事的話我們一起去聽音樂會吧？」原本擔心露西年紀小，聽古典音樂會會不受控，結果是自己多慮。這場音樂會並不是在音樂廳舉辦，而是辦在一個酒廠的展覽廳，入口處擺滿了酒杯與零食，陸續到來的人們在入口處品酒，快開始時拿著酒杯入座，甚至連露西都有小孩套餐可以領取，相當便民的設置。燈光暗下後掌聲響起，演出的曲目是莫札特的小提琴奏鳴曲，照以往的經驗，演奏者敬禮完就會開始演奏，沒想到這場音樂會設計了特別的形式，演奏家們先解釋了許多片段與拉奏方法，之後才開始演奏的主軸。「我先自己示範第一個樂句，這邊有兩種不同的發聲方式，大家可以選擇自己喜歡的，我們等下跟鋼琴合奏以後，大家聽聽看哪種比較適合。」小提琴演奏家在講解中還加入選擇題，觀眾在選擇的同時也成為表演者，連露西都全神貫注地聽著演奏。這次的音樂會打破我以為制式化的表演形式，創造火花發現原來音樂的表演形式也可以如此地多元、如此生活化，古典音樂常常給人一種曲高和寡的印象，但這場音樂會就像在吃一場法餐，循序漸進的過程，有了解說般的前菜，才不會讓主餐演奏顯得過於生硬，難以下嚥之外還令人望之卻步。一場音樂會結束，放鬆心靈外也吸收許多新知，露西熱烈地討論反應，絲毫不覺得古典音樂沉悶、無趣。我想如果我能早點遇到這樣的機會，或許之前也不會有那麼多的「為什麼要學音樂？」因為古典音樂和生活脫節而不理解的思維。要如何讓孩子學樂器有熱忱？我想以身作則，帶著孩子去聽音樂會，無論是古典、搖滾或是流行，讓音樂成為生活的一部分，孩子們所學才會成為生活中息息相關的一環。若能早一點有此認知，會覺得音樂有趣許多，第二個家庭的多爸就是一個好例子，也才能在送出搶不走的禮物時，不會產生過多的磨難與挫折。

「哇，你是要把整個法國都搬回去嗎？」馬爸驚訝地看著滿房的物品，他正坐在我的行李箱上，「我是要把布列塔尼帶回家！呼！可以了！」我用力一拉，在他的大屁股重量幫助下，我終於把行李的拉鍊拉起，拍拍行李箱，這可是我在西北法生活過一年的證據。「你是不是把小灰裝進去了？」賈克邊幫我提行李邊碎唸，我哈哈大笑：「等你來台灣，搞不好就會看到牠了。」「噗！」賈克用嘴巴做出屁聲，法國人表示隨意、不屑時習慣發出的怪聲，他聳聳肩後擁抱我：「保重啦！咪雅。」一家站在列車的門口向我道別「咪雅，你永遠是我們的女兒。」、「我們會去台灣找你玩的！」車門關上後，我還在用力地揮著手：「我們說好囉！」

小提琴始終陪伴著我，不離不棄。

12-5

18歲，在法國找到自己

「有關係，就是沒關係。」啟程來法國前的行前訓練，台中地區的扶輪主委送給即將啟程的學生們的結語，當時覺得毫無意義，一年後才發現字字珠璣的智慧。

最初就是因為虎媽的「關係」，我到了扶輪社表演，因而得到交換的機會。台灣參與交換計畫後，認識來台灣的法國朋友，才有之後的聖誕旅遊。到法國後也因為和法國人建立良好的關係，得到許多幫忙，無論是生病得到照顧、遇到困難時有人請益或是跟著當地人出遊，甚至我家人來時還能夠被親切招待，這些都是因為建立「關係」後，才能無須像無頭蒼蠅一樣摸索，能跟人說：「沒關係，我處理好了」。

扶輪社交換生其實是在建立世界性的關係，創造世界的人際網絡。在台中參與交換研習時，認識同要準備要出國的學生，到法國當地則認識了寄宿家庭與學校同學，還有一樣在法國扶輪社活動，全世界集結而來的交換學生們。一趟交換行程，認識了數個不同的群體，軸心是了解法國文化，但齒輪轉動之際，因為曾經和去他國的台灣學生、或是來法國的他國學生們產生關係，同時涉略其他不同國家文化，所謂地球村、國際化，我想最能在交換學生的身上看見，來自不同世界的人們卻要在最短的時間內適應彼此，是個世界文化的大熔爐，也因此無論是適應陌生事務的能力、抑或對這個世界的宏觀看法，都有大大提升的助力。

參加扶輪社最後一次例會到最後一次大旅行，心中都充滿依依不捨，大家都心知肚明，因為年紀、地理，我這輩子很可能再也見不到大部分的社員、或是不同國家的朋友們。一輩子聽起來很遙遠，相較之下再也不見是迫在眉睫，逼迫即將遠行的人們掏心掏肺地面對。「大家再見，我搭飛機回台灣了。」在社群媒體留下一句再平常不過的道別，居然也能引出許多曾經的戰友們回應：「照顧自己！」、「記得聯絡！」、「愛你，再見！」帶著全世界的祝福，我踏上歸途。

與來時的飛機座位相同，經濟艙右邊三人一排的靠窗座位，廣播仍是機長嘰哩咕嚕的法語，但和來時的那個十八歲法國客人不同，不再對得到的愛感到理所當然、不再躲在自我想像的舒適圈內、也不再逃避自己真正的面貌。

泰戈爾說：「旅客要在每個生人門口敲叩，才能敲到自己的家門，人要在外面到處漂流，最後才能走到最深的內殿。」或許長大的過程不會全然是美滿順遂，可在外漂流一年後，我理解現在的自己，是過往的經歷堆疊而成，我很喜歡自己現在的模樣。來前對於媽媽的付出「Don't really give a fxxk」，但在法國作客一年後，理解許多未曾思考的層面，也在法國找到自己以往想要的許多答案，成為期望中的自己。

十八歲法客，回家了！

坐上飛機，我依然是我，但又不同於來時的我，
心裏成長了許多，身材也成長了許多 XD

12-6

謝謝你的堅持，虎媽！

在被虎媽逼迫時，曾聽到阿姨叔叔們勸退：「孩子們快樂成長就好，你讓她自己選擇開心的事情不是很好嗎？」、「不想學就不要學，幹嘛要壓力這麼大？」那時心裡是萬分贊同，不懂虎媽的堅持到底從何而來。可是來到法國，曾經在學習過程養成的顯性技能和隱性習慣，無形中讓我在異鄉生活更有底氣。當扶輪社的叔叔阿姨知道我會拉小提琴時肯定的眼神；同學因為我會拉小提琴羨慕的態度；藉由表演小提琴破冰朋友圈，開啟人際關係等等，在在撫平我處於陌生環境下的不安，慢慢建立自信。而因為學習經歷養成的耐性，在虎媽身上看到的堅持，以及與虎媽抗戰時養成的不服輸個性，也是我能熬過獨自一年沒有後盾、凡事靠自己的寂寞恐懼生活一大要因。不禁讓我相當佩服虎媽的先見之明，早在十年前就開始培養我的技能。

身為音樂世家的一份子，虎媽也曾活過我的年歲，她或許沒有經歷過與我相同的叛逆情緒，但卻深知擁有一技之長的重要性。常聽長輩們聊天說道：「要認真念書，考好大學，未來才有前途。」或是「要送孩子參加某某補習班，考上某某高中，因為這所高中升學率高。」令人驚奇的是媽媽從未要求我的課業成績，只要達到平均值通常都可以過關，但卻異常堅持我必須精通一項才藝，為此開啟十八年的鬥爭。在這十八年爭吵與妥協的反覆中，我迷惑，因為抓不到學習重點，看不到我承受這樣煎熬的目的。然而經歷法國一年生活後，豁然開朗。原來媽媽要我學的不僅僅是演奏技能，還有過程中獲取的經驗。就像熊媽媽帶熊寶寶捕魚，不單單是要餵飽牠，最終還是要告訴牠捕魚的技巧。

「從無到有」的過程是煎熬的，對於小提琴，我為了從「不會」到「會」，歷經苦難，放棄了許多常人小孩擁有的童年快樂時光。然而小時候快樂成長，長大後就會一樣快樂嗎？機會是留給準備好的人，但如果小時候根本不知道什麼叫做機會、什麼叫做準備，也沒有任何長輩給予指引或是建議，長大後說出「早知道如何如何，我就可以如何如何……」不是徒增遺憾嗎？如果家長知道小孩長大會後悔，還是會堅持著要快樂成長嗎？我想這是一個沒有正確答案的問題，畢竟每個人的背景以及要走的道路不盡相同。

我曾哭著對虎媽說：「我就想當一個平凡的小孩，為什麼一定要學這些才藝？」那時虎媽只冷冷地回了一句話：「要平凡，也要有平凡的本錢！」現在回想起來，小時候究竟懂什麼？沒見過外面世界的我，根本不知道自己想要的「平凡」是什麼模樣，畢竟自己連「生活」都不理解，只因虎媽的保護傘無微不至。

在法國深入三個寄宿家庭的相處模式，才知道自己所想要的平凡是快樂過生活，依照自己自由意志，規劃想要的未來藍圖。然而寄宿家庭們的隨心所欲是建立在一定的生活水平上，我不再是什麼都不懂只會吵著要糖吃的小朋友，我知道這背後要付出什麼樣的努力、承受什麼挫折，要如何提起勇氣爭取並在雙贏的基礎上妥協，平凡其實也是一件不平凡的事呢！

謝謝媽媽送給我搶不走的禮物，謝謝媽媽讓我有機會在十八歲這個關鍵時刻重新認識世界，也許隨著年歲增長、隨著社會環境變遷，我的觀念會再有所轉換，但不變的總是：謝謝你的堅持，虎媽！

感謝虎媽在我寫這本書時的虎式砥礪。

來到法國發現自己見識淺薄，虎媽有許多堅持並非無理取鬧，是有其原因的。或許都要走過一遭才會真正感謝。也謝謝大家陪我走過一本書的距離！祝天下所有還在奮戰的親子們、學音樂的朋友們、同樣想參與交換的學生們，都可以順利的經歷、堅持與追夢。

很幸運有一路幫忙的貴人們，也謝謝 Daniel Wong 提供禮服以及 Even 的拍攝。

希望我的文字和插畫能為大家帶來一些快樂的力量！

謝謝冠婷小姐不厭其煩地給我意見。

也謝謝晨星出版社盡全力支持！

想念的法國人們與時光

3

5

1. 第一個家庭後院露台合影
2. 法國第一晚聚會
3. 法國扶輪社例會情景
4. 雷恩廣場街景
5. 第二個家庭的廚房一隅
6. 第一個家庭的媽媽與第二個家庭的露西
7. 高談闊論的多爸、心不在焉的馬爸、沒在聽的里叔

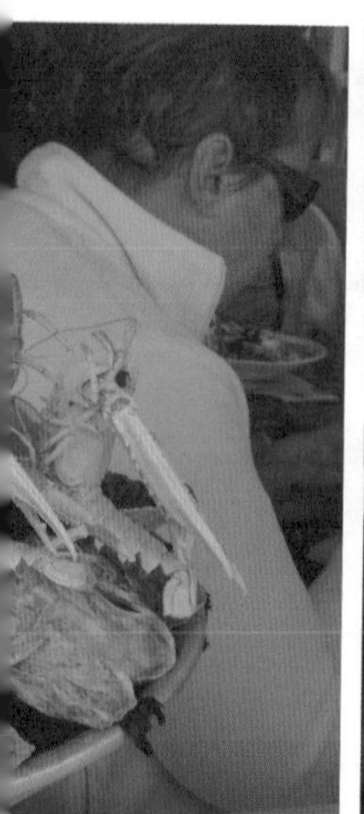

8

11

8. 聖誕夜的雷恩
9. 布列塔尼的生蠔舖子
10. 滿滿的生猛海鮮
11. 滑雪破褲前的微笑
12. 聖馬洛的城牆
13. 布列塔尼的沿海景觀
14. 干貝法式薄餅

RUE CITÉ
ACCES
PARC
15
19

15. 馬爸與他製作的包包
16. 巴黎聖母院前合影
17. 馬爸的帥氣重機
18. 第一次開小飛機
19. 帶媽媽出遊
20. 馬爸家後院
21. 一起去口渴街的黛安娜
22. 寄宿家庭的哥哥
23. 耍寶二人組
24. 帶著小食前來主人家加工的易媽
25. 搭遊艇出海

77
JPN

26

28
19 06 2018

30

26 . 法國家人們陸續拜訪台灣 –1

27 . 法國家人們陸續拜訪台灣 –2

28 . 第一、第三家庭合影，在第三個家庭的後院

29 . 第二、第三家庭合影，在第二個家庭的後院

30 . 幾年後回法國拜訪

國家圖書館出版品預行編目資料

18! 法客：18 歲在法國找到自己，謝謝你的堅持！虎媽 / 王馨平著 .-- 初版 . -- 臺中市：晨星，2020.01
面； 公分 . --（勁草生活；457）

ISBN 978-986-443-944-7（平裝）

1. 遊記 2. 交換學生 3. 法國

742.89　　108018761

勁草生活 457

18！法客

18 歲在法國找到自己，謝謝你的堅持！虎媽

作者	王馨平
編輯	王韻絜
校對	王馨平、王韻絜
封面設計	柳佳璋
美術設計	陳柔含
創辦人	陳銘民
發行所	晨星出版有限公司 台中市 407 工業區 30 路 1 號 TEL：(04)23595820　FAX：(04)23550581 行政院新聞局局版台業字第 2500 號
法律顧問	陳思成 律師
初版	西元 2020 年 1 月 1 日
初版二刷	西元 2020 年 7 月 31 日
總經銷	知己圖書股份有限公司 106 台北市大安區辛亥路一段 30 號 9 樓 TEL：02-23672044 / 23672047　FAX：02-23635741 407 台中市西屯區工業 30 路 1 號 1 樓 TEL：04-23595819　FAX：04-23595493 E-mail：service@morningstar.com.tw 網路書店 http://www.morningstar.com.tw
訂購專線	02-23672044
郵政劃撥	15060393（知己圖書股份有限公司）
印刷	上好印刷股份有限公司

歡迎掃描 QR CODE
填線上回函

定價 350 元
ISBN 978-986-443-944-7

Published by Morning Star Publishing Inc.
Printed in Taiwan